AF864993

Klausurtraining

Martin Suter

Die dunkle Seite des Mondes

Von Thea Caillieux

Ernst Klett Verlag
Stuttgart · Leipzig

Zitate im Text beziehen sich auf folgende Textausgabe:
Martin Suter: Die dunkle Seite des Mondes, Diogenes Taschenbuch 2001
© 2000 Diogenes Verlag AG Zürich

Verfasser der Seiten 45–48 (Epische Grundbegriffe):
Jörg Ulrich Meyer-Bothling

1. Auflage 1 5 4 3 2 1 | 16 15 14 13 12

Redaktion: Ursula Schwarz
Herstellung: Carina Riehl

Layoutkonzeption: Kai Twelbeck, Stuttgart
Umschlaggestaltung: Petra Michel, Bamberg
Umschlagfotos: Avenue Images GmbH (RF/Radius Images/Masterfile), Hamburg; Avenue Images GmbH (RF/Masterfile), Hamburg; a bis z-Publishing GmbH, Leipzig

Satz: Marion Rackwitz, Paulinenaue
Reproduktion: Meyle + Müller GmbH & Co. KG, Pforzheim
Druck: AZ Druck und Datentechnik GmbH, Kempten
Printed in Germany
ISBN 978-3-12-352471-4

9 783123 524714

Liebe Schülerinnen und Schüler,

das vorliegende Heft bietet ein Intensivprogramm für alle, die sich schnell, aber gründlich auf eine Klausur zu Martin Suters Roman „Die dunkle Seite des Mondes" vorbereiten möchten – sei es nun eine Klausur im laufenden Schuljahr oder die Prüfung zur Fachhochschulreife.
Im Unterschied zu anderen Übungsheften konzentriert sich Klausurtraining „Die dunkle Seite des Mondes" auf eine der „Pflichtlektüren" der zentralen Prüfung zur Fachhochschulreife in Baden-Württemberg und trainiert anhand von Textausschnitten aus Suters Werk das Erschließen eines epischen Textes sowie das Verfassen eines analytischen Interpretationsaufsatzes. Zwei Textausschnitte sind Grundlage für jeweils drei Teilaufgaben:

- Einordnen einer Textstelle in den Gesamtzusammenhang des Werkes
- Analyse und Interpretation eines epischen Textes
- Bearbeitung einer übergreifenden Aufgabe zu dem Roman

Das Heft ist in drei Teile gegliedert:

Teil I: Klausurtraining (S. 4)
Sie erarbeiten die drei Teilaufgaben schrittweise und systematisch. Jeweils sechs Arbeitsschritte führen Sie organisch zum Verfassen der Musterklausur. Mögliche Ergebnisse der einzelnen Arbeitsschritte erscheinen im Heft farbig unterlegt – als Hinweis für Sie, wie Ihre Aufzeichnungen und Notizen aussehen könnten. Jeder Durchgang durch eine Klausur ist in sich abgeschlossen und kann gesondert durchlaufen werden.

Teil II: Interpretation (S. 29)
Dieser Teil bietet eine knappe, auf die wesentlichen Aspekte konzentrierte Interpretation des Romans „Die dunkle Seite des Mondes". Sie ist systematisch nach den Aspekten gegliedert, die für die Erschließung epischer Texte von Bedeutung sind. Hier können Sie Ihre Kenntnisse des Romans auffrischen und sich auf die Bearbeitung der (Prüfungs-)Klausur vorbereiten. Am Ende eines jeden größeren Abschnittes sind die wichtigsten Inhalte knapp zusammengefasst – ideal zum raschen Wiederholen.

Teil III: Zum Umgang mit epischen Texten (S. 43)
Die letzten Seiten sind zum Heraustrennen und Falten gedacht – für das Lernen unterwegs. Hier können Sie noch einmal das Wichtigste zum Roman in aller Kürze sowie die bei der Interpretation von epischen Texten nötigen Grundbegriffe der Textanalyse nachschlagen.

Zum Schluss wünschen wir Ihnen gutes Gelingen bei der Arbeit mit diesem Heft und bei Ihren Klausuren und in der Abschlussprüfung viel Erfolg!

Thea Caillieux

Musterklausur 1

Martin Suter: Die dunkle Seite des Mondes (Auszug)

Das Telefon riss ihn aus dem tiefsten Schlaf. Blank schaute auf die Uhr. Es war halb drei. Der Anrufer war Alfred Wenger. Er kam gerade von Evelyne. Ihre Freundin Ruth Zopp hatte ihn zu ihr bestellt. Sie hatte Angst, Evelyne könnte sich etwas antun.

„Nach dem, was sie mir von eurem Abend berichtet hat, sieht es nicht aus, als hätte die Therapie etwas bewirkt.“ Wenger klang mehr besorgt als vorwurfsvoll.

Blank korrigierte ihn. „Das stimmt nicht. Mein Gewissen ist wieder erwacht, nur am Timing muss ich noch arbeiten.“

„Wie meinst du das?“

„Es meldet sich erst hinterher. Wenn es zu spät ist. Aber es meldet sich. Wie geht es Evelyne?“

„Sie ist in Ordnung. Sie schläft. Frag mich, wie es mir geht. Frag mich, wie viele Stunden ich seit Freitag geschlafen habe.“

„Tut mir leid.“

„Stimmt, dein Timing könnte verbessert werden.“

Wenger legte auf.

Am nächsten Morgen ging Urs Blank auf dem Weg zur Kanzlei bei Lambert vorbei, dem ältesten Blumenladen der Stadt. Er wählte einen Strauß Kamelien und schrieb eine Karte. *Evelyne, verzeih. Lass uns Freunde bleiben.*

Zur gleichen Zeit versandte auch Pius Ott einen Gruß. Er war wie jedes Jahr um diese Zeit im Eschengut für das, was er seinen großen Service nannte: Einen gründlichen Check-up, eine Entschlackung und eine Frischzellenkur. Er wusste zwar, dass die Wissenschaft an der Wirkung dieser Behandlung mit lebenden Zellen von Lamm-Embryos zweifelte, aber er fühlte sich danach immer verjüngt und unternehmungslustig.

Diesmal trat dieser Effekt bereits am Anfang seines Aufenthaltes ein. Aber es hatte weniger mit der Behandlung zu tun als mit der Nachricht, die er soeben erhalten hatte. Mit ihr hatte auch der Gruß zu tun. Er steckte eine Zigarre und eine Visitenkarte in einen Umschlag und ließ ihn von Igor überbringen.

Kaum saß Blank hinter seinem Schreibtisch, streckte sein zweiter Partner, Dr. Geiger, den Kopf zur Tür herein. „Fluri hat sich erschossen.“

„Fluri von ELEGANTSA?“

„Ex-ELEGANTSA, Ex-CHARADE. Ex.“

„Weiß man, weshalb?“

„Wissen tut man nichts. Aber vermuten. Der ‚Russlandfeldzug‘. Um die dreißig Millionen sollen da aufgetaucht sein. Es heißt, ab zwanzig haftet er persönlich. Eine Klausel im Fusionsvertrag. Sagt dir das etwas?“

„Scheiße. Ich konnte doch nicht ahnen …“

„Ich dachte, ich hätte dir so etwas angedeutet.“ Geiger zuckte die Schultern und verließ das Büro.

Blank versuchte das Bild des alten, resignierten Mannes im graubraunen Dreiteiler zu vertreiben, wie er in das Taxi stieg, nachdem er ihn in der Waldruhe dazu gezwungen hatte, die Klausel zu unterzeichnen.

Er wandte sich dem Stoß von Papieren zu, die sich in den zwei Tagen angesammelt hatten.

Petra Decarli brachte ihm einen Umschlag. Er war von einem Boten abgegeben worden und enthielt ein Zigarrenetui mit einer Romeo y Julieta. Und eine Visitenkarte von Pius Ott.

Aus: Martin Suter, *Die dunkle Seite des Mondes*, Diogenes Taschenbuch, Zürich 2001, S. 123 ff.

Aufgabenstellung

1. Ordnen Sie die Textstelle in den Gesamtzusammenhang des Romans ein.
2. Interpretieren Sie diesen Romanausschnitt, beziehen Sie die sprachliche und erzählerische Gestaltung in Ihre Untersuchung ein.
3. Vergleichen Sie das Verhalten von Blank und Ott über die vorgegebene Textstelle hinaus.

1. Erstes Überfliegen des Textes – Aufgabenstellung erfassen

→ 2. → 3. → 4. → 5. → 6.

Überfliegen Sie den Romanausschnitt, und verschaffen Sie sich einen ersten Eindruck vom Text. Formulieren Sie anschließend eine oder mehrere Verstehenshypothesen.

Welche Personen handeln?	►	Figuren
In welchen Situationen?	►	Ort, Zeit, Handlung
Um was geht es?	►	Themen
Welche Ziele werden verfolgt?	►	Intentionen, Interessen

- Verschiedene Erzählstränge des Romans werden angerissen.
- Blank leidet noch unter den Folgen des Pilzexperiments. Er hat sein Verhalten nicht im Griff (vgl. sein Verhalten gegenüber Evelyne).
- Er erfährt von Fluris Tod und ist betroffen.
- Auch Pius Ott erhält die Nachricht von Fluris Tod. Weil er glaubt, Blank sei auf seiner Seite, schickt er ihm eine teure Zigarre.

Lesen Sie nun die Aufgabestellung genau durch. Machen Sie sich klar, was von Ihnen erwartet wird.

Bei der **ersten Teilaufgabe** betten Sie den vorgegebenen Textauszug in den Gesamtzusammenhang des Romans ein. Fassen Sie dazu zunächst den Inhalt des Textauszugs in eigenen Worten zusammen. Erklären Sie dann, was man aus der vorausgegangenen Handlung wissen muss, um den Textauszug richtig zu verstehen. Stellen Sie knapp dar, wohin die hier sichtbaren Handlungsstränge führen.

Die **zweite Teilaufgabe** verlangt eine sorgfältige inhaltliche und sprachliche Analyse des vorgelegten Textauszugs. Hier geht es um die Figurenkonstellation, das Verhalten der Personen mit ihren erkennbaren oder mutmaßlichen Interessen. Außerdem sollen Sie die sprachlichen und erzählerischen Mittel analysieren.

Die **dritte Teilaufgabe** bezieht sich auf den ganzen Roman. Sie stellen dar, wie sich die Beziehung der beiden Figuren entwickelt.

1. → **2. Text aspektorientiert erschließen** → 3. → 4. → 5. → 6.

Teilschritt: Inhalt sichern (→ 1. Teilaufgabe)

Lesen Sie den Romanausschnitt mehrfach durch, und gliedern Sie ihn in Sinnabschnitte. Finden Sie eine Überschrift für jeden Sinnabschnitt.

- Eine solche Inhaltsübersicht dient der Texterschließung und erleichtert den Zugang zum Text, da sie sich ausschließlich auf inhaltliche Aspekte konzentriert.
- Sie dient der schnelleren Orientierung im Text.
- Sie hilft beim Schreiben, da sie Formulierungen vorgibt, die bei der Textbeschreibung wieder aufgenommen werden können.

Z. 1–15: Blanks Psychiaterfreund Wenger sorgt sich um den Erfolg der Therapie, Blank sieht jedoch eine Verbesserung in seinem Verhalten.
Z. 16–18: Blank entschuldigt sich bei Evelyne.
Z. 19–27: Ott hält sich zur Kur im „Eschengut" auf. Als er die Nachricht von Fluris Tod erhält, verschickt er eine Zigarre.
Z. 28–38: (...)
Z. 39–41: (...)
Z. 42–44: (...)

Setzen Sie die Inhaltsübersicht fort.

Teilschritt: Zusammenhang im Roman klären (→ 1. Teilaufgabe)

Überlegen Sie hier gründlich: Welche Handlungselemente führen zu den hier dargestellten Situationen? Welche Folgen ergeben sich daraus?
Achten Sie darauf, dass Sie nicht in eine Nacherzählung der Handlung hineingeraten. Denken Sie daran, im Präsens zu schreiben.
Versuchen Sie, bei der Einordnung in den Romanzusammenhang die folgenden Fragen zu beantworten.

Handlungszusammenhang

- Wann und wo spielt die Handlung?
- Welche Informationen der vorausgegangenen Handlung sind wichtig für das Verständnis des Abschnittes?
- An welcher Stelle im Roman steht der vorliegende Textauszug?
- Welche Konsequenzen ergeben sich aus der Szene?
- Welche zentralen Konflikte des Romans werden im Textauszug angesprochen?

Ordnen Sie die Textstelle in den Gesamtzusammenhang des Romans ein.

Handlungszusammenhang:
Ort und Zeit der Handlung:
- Hotel, in das Blank gezogen ist; Blanks Kanzlei; das Sanatorium „Eschengut"
- nach dem zweiten Pilztrip Blanks
- (...)

Vorgeschichte/Stellung im Roman:

- Urs Blank soll eine Fusion zweier Textilketten durchführen.
- Die Fusionsverhandlungen sind von Fluri, einem der Besitzer, hinausgezögert worden.
- Pius Ott, der geheime Drahtzieher hinter der Fusion, will sich an Fluri rächen wegen einer alten „Militärgeschichte".
- Blank kennt Fluris finanzielle Schwächen; sein Kollege Dr. Geiger hat ihn darüber informiert.
- Ott benutzt Blank, um gegen Fluri vorzugehen (Haftungsklausel).
- Blank hat einen Pilztrip mit verhängnisvollen Folgen unternommen: Er fühlt sich für sein Verhalten nicht mehr verantwortlich. Auch der zweite Pilztrip, den er auf Rat seines Freundes Wenger durchgeführt hat, hat die Veränderung nicht rückgängig machen können. Blank verspürt aber immerhin Schuldgefühle für sein Verhalten.
- (...)

Fortgang der Handlung:

- Blank kann die Schuldgefühle nicht mehr vertreiben.
- Kurz darauf zeigt sich, dass er weiterhin gefährlich ist für andere. Er attackiert den Wirtschaftsjournalisten Pedro Müller.

Stellung der Szene im Roman:

- Wendepunkt der Handlung: Blank leidet unter seinem unkontrollierten Verhalten; wenig später wird er deshalb den totalen Ausstieg aus seinem bisherigen Leben vollziehen.

Zentrale Konflikte:

- Blank leidet unter Kontrollverlust, kann sein Verhalten nicht mehr steuern.
- Seine Identität hat sich verändert.
- Er empfindet nach dem zweiten Pilztrip jedoch Schuldgefühle für sein Verhalten.

Teilschritt: Figurendarstellung untersuchen (→ 2. Teilaufgabe)

Der Textausschnitt besteht weitgehend aus Dialogen, ergänzt von wenigen Zeilen Erzählerbericht. Die Figuren charakterisieren sich also überwiegend durch ihre Art zu reden und sich zu verhalten.

Ergänzen Sie die Notizen zur Figurengestaltung, wo nötig.

Blank:

- Sein Verhalten ist von schlechtem Gewissen dominiert.
- Er merkt, dass er sich rücksichtslos verhält, erkennt dies aber immer erst im Nachhinein.
- Er ist unehrlich in seiner Reaktion auf den Tod Fluris.

Dr. Geiger:

- Er gibt die Information über den Tod Fluris ungerührt weiter, nutzt sie sogar spöttisch für ein gelungenes Wortspiel.
- Mit einem Schulterzucken geht er zum Alltagsgeschäft über.
- Die Schuld an Fluris Selbstmord schiebt er dabei elegant Blank zu.

Wenger:

- Er sorgt sich um Blank, enthält sich aller Vorwürfe. (Direkte Charakterisierung des Erzählers)

Ott:

- Er empfindet Genugtuung über den Tod Fluris.

Teilschritt: Sprachliche Gestaltung untersuchen (→ 2. Teilaufgabe)

Die Untersuchung der sprachlichen Gestaltung ist kein Selbstzweck. Vielmehr soll sie zeigen, welche sprachlichen Mittel genutzt werden und wie Sprache die Figuren und ihr Verhalten charakterisiert.

- Gehen Sie bei der sprachlichen Analyse exemplarisch vor.
- Suchen Sie Beispiele, die besonders aussagekräftig sind.
- Kombinieren Sie verschiedene sprachliche Merkmale, und ordnen Sie sie einem leitenden Gesichtspunkt unter.

Welche sprachlichen Besonderheiten fallen bei den verschiedenen Personen auf?

Ott:
- Maschinen-Metaphern („großer Service", „Check-up", „Entschlackung")
- dominiert von mechanischer Regelmäßigkeit („wie jedes Jahr um diese Zeit")
- phallisches Dominanz-Symbol (Zigarre)

Dr. Geiger:
- makabre Steigerung („Ex-ELEGANTSA, Ex-CHARADE, Ex")

Blank:
- konventionelle Alltagssprache (z.B. Karte an Evelyne)
- moderne Geschäftssprache („Timing", Z.6)
- Fäkalsprache, eigentlich untypisch für ihn (Z.36)

Überlegen Sie, wie damit die jeweilige Person charakterisiert ist.

Teilschritt: Erzählerverhalten untersuchen (→ 2. Teilaufgabe)

Für die Analyse des Erzählerverhaltens gilt dasselbe wie für die Untersuchung der sprachlichen Mittel. Überlegen Sie auch hier, welche Wirkungen eine bestimmte Erzähltechnik hat. Wie werden die Leser durch bestimmte Darstellungsmittel gelenkt?

- Weitgehend personaler Erzähler (Ausnahme Z.19)
- Mehrperspektivisches, filmisches Erzählen (dreimaliger Wechsel der Perspektive)
- Meist Außensicht der Personen
- Gelegentlich Innensicht in die Personen, etwa Blank und Ott („versuchte das Bild … zu vertreiben", Z.39f.; „fühlte sich danach immer verjüngt und unternehmenslustig", Z.22f.)
- Krimi-Charakter/Leerstellen: Zunächst bleibt offen, an wen Ott einen Gruß verschickt

Überlegen Sie, wie Sie selbst durch diese erzählerischen Mittel gelenkt wurden. Welche Einstellung entsteht zu dem erzählten Geschehen und zu den Figuren?

Teilschritt: Deutungsthese formulieren (→ 2. Teilaufgabe)

Durch die sorgfältige Untersuchung der verschiedenen Aspekte haben Sie ein differenziertes Verständnis der vorgelegten Passage erreicht.

Formulieren Sie zusammenfassend dieses Verständnis in einer Deutungsthese: Worum geht es in diesem Textauszug Ihrer Meinung nach?

- Blank wird von schlechtem Gewissen geplagt. Alle Begegnungen mit anderen Figuren signalisieren ihm Fehlverhalten: Wenger mit dem Hinweis auf Evelyne und auf sich selbst, Dr. Geiger mit dem Hinweis, dass er ihn doch über die finanzielle Lage Fluris informiert habe. Blanks schwacher Versuch, die Verantwortung von sich zu weisen, wird durch die Ankunft von Otts „Gruß" ad absurdum geführt.
- Die Sympathie des Lesers bleibt durch entsprechende Lenkung trotzdem bei Blank.

1. → 2. → **3. Den Vergleich vorbereiten** → 4. → 5. → 6.

Bei der dritten Teilaufgabe müssen Sie die gesamte Romanhandlung einbeziehen. Es wird verlangt, dass Sie das Verhalten der beiden Gegenspieler Blank und Ott vergleichen. Dazu müssen Sie zunächst Vergleichsaspekte zusammenstellen. Blanks Verhalten verändert sich durch die Pilztrips nachhaltig. Deshalb ist es bei der Analyse seiner Person sinnvoll, seine Verhaltensweisen gleich in „zunächst/später" einzuteilen.

	Blank	*Ott*
Umgang mit sich selbst	Zunächst: - Mit viel Selbstdisziplin ein angenehmer Zeitgenosse Später: - Ein unbeherrschter Egomane, der aber versucht sich selbst zu resozialisieren	- Arbeitet langfristig und strategisch an der Durchsetzung der eigenen Interessen - Geprägt von starren Ritualen
Lebensstil	Zunächst: - Kostspielige, elegante Wohnung Später: - Survival im Wald als Therapie	- Einrichtung der Villa zeigt viel Geld, aber mangelnde Kultiviertheit
Haltung zur Natur	Zunächst: - Entfernung von der Natur wird als Mangel empfunden Später: - Wald dient als Privatsphäre und Schutzraum für ihn und vor ihm	- Desinteresse an der Natur - Jagd: Erleben von Überlegenheit
Umgang mit Mitmenschen	Zunächst: - Überlegenheitsgefühl durch Erfolg und Äußerlichkeiten (Kleidung) - Offenheit, Interesse anderen gegenüber - Langjährige Freundschaft mit Alfred Wenger - Gleichberechtigte Partnerschaften, erst mit Evelyne, dann mit Lucille Später: - Verlust jeder Hemmschwelle	- Keine gleichberechtigten Beziehungen zu den Mitmenschen - Personen werden bei Wohlverhalten belohnt, bei Fehlverhalten bestraft - Umgang mit Mitmenschen wird bestimmt vom Gegensatz: Fressen oder Gefressenwerden?

	Blank	Ott
Hervor-stechende Charakter-eigen-schaften	Zunächst: - Durchsetzungsvermögen und Aggressivität im Beruf Später: - Trotz Kontrollverlust moralische Bedenken wegen seiner Handlungen - Verantwortungsbewusstsein anderen gegenüber	- Skrupellos gegenüber Leuten, die ihm verhasst sind - Will andere beherrschen - Geduldiges Zuwarten, bis die Beute erlegt werden kann - Keinerlei moralische Bedenken bei seinen Handlungen

Prüfen Sie die oben stehenden Notizen auf Vollständigkeit, indem Sie die entsprechenden Passagen im Interpretationsteil (Figuren) durcharbeiten. Nehmen Sie Ergänzungen vor, wenn nötig.

Ziehen Sie dann ein Fazit. Inwiefern sind sich Blank und Ott ähnlich? Was sind grundlegende Unterschiede? Sie können dabei von Otts Äußerung Blank gegenüber ausgehen: „Wir haben andere Gemeinsamkeiten." (S. 37)

1. → 2. → 3. → **4. Gliederung erstellen** → 5. → 6.

Bevor Sie mit dem Schreiben Ihres Aufsatzes beginnen, erstellen Sie eine Gliederung, die Ihnen als Leitfaden beim Verfassen der Arbeit dient. Für die Strukturierung des Hauptteils orientieren Sie sich an den Teilaufgaben. Dennoch bleibt Ihnen hier Spielraum, den Sie bewusst gestalten sollten.

Einleitung:
Informationen zum Roman, Hinweis auf Thematik

Hauptteil:
1. Teilaufgabe:
a) Einordnung in den Gesamtzusammenhang des Romans
b) Inhaltszusammenfassung des vorgegebenen Textes (Reihenfolge b) – a) ist auch möglich.)

2. Teilaufgabe:
a) Formulierung der Deutungsthese
b) Figurenanalyse
c) sprachliche Gestaltung
d) Erzählerverhalten

3. Teilaufgabe:
Vergleich Urs Blank – Pius Ott

Schluss:
Fazit ziehen, eigene Stellungnahme formulieren

Einleitung und **Schluss** rücken Ihre Arbeit ins rechte Licht. Sie sollen möglichst aufeinander bezogen sein. Die Einleitung führt zur Bearbeitung der Aufgabe hin. Ein allgemeiner Satz zum Inhalt des Romans reicht also nicht. Erst nach der Bearbeitung der einzelnen Teilschritte wissen Sie, was in dem Thema steckt. Deshalb kann die Einleitung auch erst dann geschrieben werden.

Elemente der Einleitung

- Titel
- Textsorte
- Verfasser
- Entstehungszeit oder Jahr der Veröffentlichung
- Thematik des Romans
- Thema der Aufgabe
- evtl. Hinweise auf Vorgehensweise

Nicht weniger wichtig als die Einleitung ist der Schlussteil. Verschiedene Gestaltungsmöglichkeiten bieten sich an.

Möglichkeiten für den Schlussteil

- Sie fassen die wichtigsten Ergebnisse zusammen und heben deren Bedeutung hervor.
- Sie entwickeln ein gut begründetes Urteil zum Inhalt oder zur Textgestalt. Vermeiden Sie aber Plattitüden.
- Sie fragen nach der Bedeutung des Textes für Sie selbst oder für unsere Gegenwart. Ein bloßes Beteuern, dass der Text „immer noch aktuell" sei, reicht allerdings nicht.

Um Ihren Gedankengang für andere nachvollziehbar zu machen, müssen Sie für **Überleitungen** sorgen, die zeigen, wie Sie die Zusammenhänge sehen.

Einige von vielen Möglichkeiten für Überleitungen

- **Übergeordnetes Thema nennen:** Sie kündigen an, worum es im Folgenden gehen soll.

  Beispiele:

  Überleitung zur sprachlichen Analyse:
  `Sprachlich bemerkenswert ist, …`

  Überleitung zur Figurenanalyse:
  `Die einzelnen Figuren wirken auf ganz unterschiedliche Weise auf Blank ein.`

  Überleitung zum Personenvergleich:
  `Auf den ersten Blick scheinen Blank und Ott einige Gemeinsamkeiten zu haben.`

- **Unterschiede (Gemeinsamkeiten) hervorheben:** Sie geben den Vergleichspunkt (tertium comparationis) an und erläutern anschließend die jeweilige Ausprägung.

  Beispiele:

  `Hinsichtlich des Umgangs mit den Mitmenschen unterscheiden sich die beiden Gegenspieler.`
  `Ebenso unterschiedlich sind Blank und Ott, was ihr jeweiliges Verhältnis zur Natur angeht.`

Inhaltlich-logische Bezüge klarmachen:
Viele nur scheinbar nebensächliche Wörter haben eine wichtige Funktion bei der Verdeutlichung von Zusammenhängen.

Abfolge

Als Ott ihm **später** sagt, ...
Im weiteren Verlauf ...

Aufzählen

Zum einen erneuert Ott seine Anerkennung für Blank (...) **Zum anderen** betont er die konspirative Beziehung zwischen ihnen.

Gegensätze betonen

Ott **dagegen** ist die Disziplin selbst.
Für Blank ist Otts Gruß **jedoch** ein Beweis für seine Mitschuld.
Ganz anders Blank vor dem Drogentrip.

Fazit ziehen

Es wird klar, dass ...
Ott versteht sich **offenbar** als Maschine, ...
Das mehrperspektivische Erzählen sorgt **so** für Ergänzung ...

(Beispiele aus der Musterklausur)

Machen Sie sich die Wirkung der fettgedruckten Ausdrücke klar, indem Sie die Sätze ohne sie formulieren.

1. → 2. → 3. → 4. → **5. Klausur schreiben** → 6.

Schreiben Sie nun den Aufsatz. Nutzen Sie dazu Ihre Vorarbeiten und Ihre Gliederung.

Einleitung:
Martin Suters Roman „Die dunkle Seite des Mondes" erschien 2000 und hatte wie viele seiner Romane großen Erfolg. Der Roman inszeniert eine Art Versuchsanordnung: Was passiert, wenn sich die Persönlichkeit eines Menschen plötzlich radikal verändert? Der Staranwalt und Spezialist für Firmenübernahmen und Fusionen, Urs Blank, hat nach einem Pilztrip seine Selbstkontrolle verloren. In der vorgegebenen Passage aus dem 8. Kapitel des Romans befinden wir uns sozusagen in der zweiten Station des Versuchs. Urs Blanks Gegenspieler ist der Großinvestor Pius Ott, der gerade dabei ist, seine Fäden zu spinnen.

Hauptteil:
1. Teilaufgabe
Urs Blank arbeitet an der Fusion zweier Textilfirmen. Über Fluri, den Chef der einen Firma, weiß Blank, dass er bei dem Versuch, nach Russland zu expandieren, Verluste im Umfang von 20 Millionen gemacht hat. Pius Ott, stiller Teilhaber der anderen Firma, agiert im Hintergrund mit der Absicht, Fluri „zur Strecke" zu bringen. Hintergrund für Otts langfristiges Vorgehen gegen Fluri ist eine alte „Militärgeschichte", die 40 Jahre zurückliegt. Ott wurde verantwortlich gemacht für die Tötung eines Waldarbeiters bei einer Schießübung, was das Ende seiner militärischen Karriere bedeutete. Aus seiner Sicht war Fluri verantwortlich. Die Fusionsverhandlungen werden immer wieder durch Änderungswünsche Fluris hinausgezogen. Da er von seinem Kollegen Dr. Geiger weiß, dass Fluri die Fusion nicht platzen lassen kann, empfiehlt Blank der Gegenseite, mit dem Abbruch der Verhandlungen

zu drohen. Bei einem Treffen in seinem Haus legt Ott Blank nahe, eine Haftungsklausel für verheimlichte Verlustrisiken in den Fusionsvertrag aufzunehmen. Blank schlägt einen Modus vor, wie das geschehen kann. Ott ist davon sehr beeindruckt und möchte aus diesem besonderen Anlass eine Zigarre mit Blank rauchen. Blank, der nicht raucht und außerdem eine Abneigung gegen Ott hat, lehnt ab und erklärt, dass es dazu eines bedeutenderen Anlasses bedürfe. Fluri wird genötigt, den Vertrag mit der Klausel zu unterzeichnen. Kurze Zeit später nimmt er sich das Leben, weil Ott die tatsächlichen Verluste eines riskanten Russlandgeschäftes aufgespürt hat.
Unzufrieden mit seinem Leben und offen für Neues hat Blank in der Zwischenzeit einen Trip mit halluzinogenen, psilocybinhaltigen Pilzen unternommen, was zu gravierenden Persönlichkeitsveränderungen führt: Er hat sich nicht mehr unter Kontrolle, gibt jedem Impuls nach, hält sich für die einzig entscheidende Instanz und verhält sich entsprechend. Sein Freund, der Psychiater Wenger, der nicht weiß, dass Blank bereits den Tod von Menschen verursacht hat, rät ihm, den Trip unter seiner Leitung zu wiederholen und dabei die „Richtung" neu zu bestimmen. Dieser zweite Trip bringt zwar nicht die Selbstkontrolle zurück, führt aber dazu, dass Blank nach völlig unkontrolliertem Verhalten wenigstens wieder ein schlechtes Gewissen empfindet. Wenger vermutet, dass Blank beim ersten Trip nicht nur psilocybinhaltige Pilze zu sich genommen hatte. Er empfiehlt einen Aufenthalt in einer Kurklinik, dem „Eschengut". Dort trifft Blank auf Ott, der jedes Jahr zu dieser Zeit im „Eschengut" kurt. Ott identifiziert Pilze, die Blank aus dem Wald mitgebracht hat, als schmackhafte Tintlinge. Sie verabreden sich zum gemeinsamen Essen. Ott bietet Blank zum Essen Bordeaux an, wohl wissend, dass die Pilze zusammen mit Alkohol hochgiftig sind. Nur zufällig lehnt Blank ab. Als Ott später beiläufig erwähnt, was passieren kann, wenn man Tintlinge und Wein gleichzeitig zu sich nimmt, kann Blank sich nicht mehr beherrschen und schlägt Ott ins Gesicht. Ott wird sich später dafür rächen.
Im weiteren Verlauf der Handlung zieht sich Blank ganz in den Wald zurück. Das Leben im Wald sieht er als Therapie, es bietet ihm Schutz vor anderen und schützt andere vor ihm.
In der vorgegebenen Textstelle sehen wir Blank kurz nach dem zweiten Pilztrip. Sein Verhalten hat er nach wie vor nicht unter Kontrolle hat. Gegenüber Evelyne, seiner bisherigen Partnerin, verhält er sich rücksichtslos und ohne jede Einfühlung. Nachdem ihm Wenger die Folgen seines Verhaltens geschildert hatte, schickt er ihr einen Blumenstrauß mit einer nichtssagenden Karte. Kaum ist er in der Kanzlei, erfährt er von Fluris Tod. Ott, der die Nachricht bereits kennt, schickt eine Zigarre an Blank. Damit spielt er auf das konspirative Treffen zwischen Blank und Ott an, bei dem es um die Haftungsklausel im Vertrag ging. Die Botschaft ist: Fluris Tod ist der bedeutendere Anlass, der aus Otts Sicht dazu führen müsste, dass Blank nun eine Zigarre von ihm annimmt.
Es wird klar, dass Blank nach Lösungen für sein Problem suchen muss. Die Beinahe-Tötung Pedro Müllers kurze Zeit später betont die Dringlichkeit. Die Lösung für Blank wird sein, nach der Zwischenstation „Eschengut" ganz im Wald zu leben. Blank ist in dieser Textpassage am Ende seines Lebens als Anwalt.

2. Teilaufgabe

Die Textstelle zeigt Blank, der innerlich zerrissen ist zwischen seinem Wissen, wie man sich verhalten sollte und seiner Unfähigkeit, dieses Wissen umzusetzen. Blank wird von schlechtem Gewissen geplagt. Alle Begegnungen mit anderen Figuren signalisieren ihm Fehlverhalten: Wenger mit dem Hinweis auf Evelyne und auf sich selbst, Dr. Geiger mit dem Hinweis, dass er ihn doch über die finanzielle Lage Fluris informiert habe. Blanks schwacher Versuch, die Verantwortung von sich zu weisen, wird durch die Ankunft von Otts „Gruß" ad absurdum geführt. Die Zigarre mahnt ihn nachdrücklich an seinen Anteil am Tod Fluris. Die Sympathie des Lesers bleibt durch entsprechende Lenkung dennoch bei Blank.

Die einzelnen Figuren wirken auf ganz unterschiedliche Weise auf Blank ein. Wengers Verhalten wird in einer direkten Charakterisierung „mehr besorgt als vorwurfsvoll" (Z.6) genannt. Was aber bei Blank ankommt, hat sicher Vorwurfscharakter: Er ruft Blank mitten in der Nacht an, informiert ihn über die verhängnisvollen Folgen seines Verhaltens und macht ihm unmissverständlich klar, dass er seinetwegen kaum geschlafen habe. Geiger gibt die Information über Fluris Tod ungerührt und sogar mit Lust an einem gelungenen Wortspiel in Form einer Klimax (Z.31) an Blank weiter. Er wirft Blank zwar in vorsichtiger Formulierung, aber direkt vor, dass Blank gewusst haben musste, was er tat (Z.37). Blanks Reaktion zeigt zunächst eine für ihn untypische verbale Entgleisung, indem er Fäkalsprache benutzt („Scheiße", Z.36), dann den Versuch, die Verantwortung von sich zu weisen („Ich konnte doch nicht ahnen ...", Z.36). Blank weiß, dass diese Reaktion unehrlich ist, und so beschäftigt ihn das Bild des alten Fluri, wie er ihn zuletzt gesehen hatte. Geiger jedoch scheint der Tod Fluris nicht zu berühren: Mit einem Schulterzucken geht er zum Alltagsgeschäft über. Otts Wirkung auf Blank durch den von einem Boten abgegebenen Umschlag ist die indirekteste, möglicherweise aber die nachhaltigste. Zum einen erneuert Ott damit seine Anerkennung für Blank, ja, er bietet ihm geradezu die Freundschaft an. Zum anderen lässt er Blank an seinem Gefühl des Triumphes teilhaben und betont die konspirative Verbindung zwischen ihnen. Für Blank ist Otts Gruß jedoch ein mit Händen zu greifender Beweis für seine Mitschuld am Tod Fluris, die er gerade noch zu leugnen versucht hatte.

Sprachlich bemerkenswert ist vor allem der Abschnitt, der Otts Perspektive einnimmt (Z.19 ff.) Um die Gründe für seinen Aufenthalt im „Eschengut" zu beschreiben, bedient sich Ott mehrerer Metaphern aus der Welt der Maschinen: Er spricht vom „großen Service", von „Check-up", von „Entschlackung" (Z.20 f.). Der Erzähler macht ganz deutlich, dass es sich hierbei um Otts Sprache handelt: „... was er seinen großen Service nannte" (Z.20). Ott versteht sich selbst offenbar als Maschine, die gewartet werden muss, damit sie funktioniert. Dazu gehört auch die mechanische Regelmäßigkeit, mit der er sein Leben organisiert hat („wie jedes Jahr um diese Zeit", Z.19). Immer wieder wird betont, dass er zu einer bestimmten Tages- oder Jahreszeit etwas Bestimmtes tut. Er ist berechnend und berechenbar. Sein grundsätzliches Handlungsziel ist, andere zu beherrschen. Dazu passt auch das phallische Dominanz-Symbol der Zigarre, ein doppeldeutiges Angebot an Blank.

Für den ganzen Roman ist es charakteristisch, dass ein Erzähler das Geschehen aus dem Blickwinkel und mit der Einstellung einer der Figuren vermittelt. Das gilt auch für die ausgewählte Passage, bei der die Perspektive wie in einem Film von Blank zu Ott und wieder zurück zu Blank wechselt. Dabei bleibt der Erzähler bei Ott in der Außensicht. Wir wissen zunächst nicht einmal, welche Nachricht Ott erhalten hat. Blank dagegen zeigt der Erzähler auch in Innensicht („Blank versuchte das Bild ... zu vertreiben", Z.39f.). Vorhandene Leerstellen - Welche Nachricht hat Ott erhalten? An wen schickt er den Gruß? - füllt der Leser selbst und wird gewissermaßen zum Detektiv.

Das mehrperspektivische Erzählen sorgt so für Ergänzung und Relativierung des Geschehens. Wo sich Ott freut, plagen Blank Gewissensbisse. Das prägt die Haltung des Lesers gegenüber den Figuren. Die distanzierte und sprachlich eher negative Darstellung Otts verhindert, dass sich der Leser mit Ott identifiziert. Die größere Nähe des Erzählers zu Blank durch die Innensicht verhindert, dass wir uns von Blank völlig distanzieren, obwohl er mittlerweile schwerwiegende Verbrechen begangen hat. Der Leser spürt Blanks Gewissensbisse angesichts des Geschehenen und empfindet eher Mitgefühl, weil dieser für seine Persönlichkeitsveränderung nichts kann.

3. Teilaufgabe

Auf den ersten Blick scheinen Blank und Ott einige Gemeinsamkeiten zu haben. Das veranlasst ja auch Ott, Blank als seinesgleichen einzuschätzen. (S. 37) Tatsächlich sind beide geschäftlich erfolgreich, sehr diszipliniert, zeigen aggressives Verhalten und fühlen sich stark vom Wald angezogen. Ein genauerer Blick auf die jeweilige Art, wie die beiden Figuren mit sich selbst, mit anderen und mit der Natur umgehen, zeigt aber auch entscheidende Unterschiede.

Schon zu Beginn des Romans erscheint Blank als ein sehr emotionalen Mensch, der seine Gefühle aber gut unter Kontrolle hat und darauf auch stolz ist. Sein Äußeres (Kleidung, Frisur) hält er perfekt in Form. Durch den Pilztrip verliert er jegliche Kontrolle, seine Emotionalität ist ungebremst, er wird jähzornig und gewalttätig.

Ott dagegen ist die Disziplin selbst. Auch er sorgt für eine gepflegte äußere Erscheinung. Wichtig ist ihm aber weniger die Eleganz als eine durchtrainierte körperliche Verfassung. Täglich diszipliniert er sich durch kleine Rituale (Schwimmen, Tee trinken), Spontaneität gibt es bei ihm im Unterschied zu Blank nicht. Mit Ausnahme der Gefühle der Überlegenheit und des Triumphes sind keine Emotionen erkennbar. Die Kälte, die von ihm ausgeht, macht ihn fast unmenschlich.

Auch hinsichtlich des Umgangs mit den Mitmenschen unterscheiden sich die beiden Gegenspieler stark. Ott lebt allein in seiner Villa. Er ist nicht von gleichberechtigten Menschen umgeben. Dominanz ist die einzige Art von Beziehung, die er zu anderen Menschen kennt. Das gilt für seinen Hausangestellten Igor, für „sporadische Begegnungen" (S. 13) mit Frauen und erst recht für Geschäftspartner. Ganz anders dagegen Blank vor dem Drogentrip. Er pflegt die langjährige Freundschaft zu Wenger, der für ihn nach dem Drogentrip zu der einzig geltenden Instanz wird. Zu Beginn des Romans lebt er in einer gleichberechtigten Partnerschaft mit Evelyne. Auch bei der Affäre mit Lucille ist es für Blank selbstverständlich, dass Lucille auf Gleichwertigkeit besteht. Für jede seiner Einladungen revanchiert sie sich mit Gegeneinladungen in Lokale, die sie sich leisten kann. Auch dass er zu dem Pilztrip mitgeht, zeigt eine grundsätzliche Offenheit anderen Personen und anderen Welten gegenüber. Ebenbürtigkeit gilt auch für die Beziehungen zu den anderen Anwälten, wenigstens dem Namen nach: Sie nennen sich Partner.

Ebenso unterschiedlich sind Blank und Ott, was ihr jeweiliges Verhältnis zur Natur angeht. Blank spürt bei seinem Waldspaziergang ganz am Anfang, dass ihm die Nähe zur Natur fehlt, später möchte er sogar eins werden mit der Natur. Während seines Lebens im Wald wird er ein genauer Beobachter von Flora und Fauna. Er jagt aus keinem anderen Grund, als zu überleben.

Ott dagegen will sich die Natur unterwerfen. Er jagt, um zu dominieren, um das eigene Leben zu verlängern, um gottähnlich zu werden, wie er Blank im „Eschengut" erklärt. Den schönen Ausblick auf Tal und See, das Schönste an seiner Villa, wie Blank meint, würdigt er keines Blickes. Er sitzt mit dem Rücken zur Fensterfront, umgeben von ausgestopften Trophäen der von ihm in der ganzen Welt erlegten Tiere. In seinem Schwimmbad kommen Urwaldgeräusche aus den Lautsprechern.

Die von Ott vermutete Ähnlichkeit zwischen ihm und Blank stellt sich als ganz oberflächlich heraus. Zwar hat Blank auch zu Beginn eine gehörige Portion Skrupellosigkeit, die er aber kontrolliert und in der Balance hält. Ott erscheint in seiner Künstlichkeit und Kälte nur wie das Zerrbild eines realen Menschen. Trotz des Verlusts der Selbstkontrolle hat Blank ein Bewusstsein davon, was er verloren hat und was ihm nun fehlt. Ganz bewusst schützt er andere vor sich, indem er sich in den Wald zurückzieht. Als seine „Waldtherapie" nicht den gewünschten Erfolg zeitigt, macht er sich auf die Suche nach dem „Bläuling", um in einem dritten Pilztrip die Wirkung des ersten rückgängig zu machen. Mit Erfolg. Ott dagegen weiß nicht einmal, was ihm fehlt. Er käme nicht auf die Idee, sich ändern zu wollen.

Schluss:
Suter wirft in seinem Roman grundsätzliche Fragen richtigen menschlichen Verhaltens auf. Ein Ergebnis der Versuchsanordnung, die der Autor entworfen hat: Entscheidend ist das Bewusstsein davon, was richtiges Verhalten ist und das Bemühen, es auch umzusetzen. Auch wenn Blank vielfach Verbrechen begeht nach dem verhängnisvollen Pilztrip, bleibt ihm die Sympathie des Lesers erhalten, weil er die früheren moralischen Maßstäbe zurückgewinnen will.

1. → 2. → 3. → 4. → 5. → **6. Klausur überarbeiten**

Teilen Sie sich Ihre Zeit so ein, dass Sie Ihre Klausur am Schluss noch einmal überarbeiten können. Bedenken Sie dabei, dass die sprachliche Darstellung in der Regel mit ca. 25 % in die Bewertung eingeht.

Entscheidend bei der Bewertung sind:

- die Plausibilität (Stimmigkeit) der Begründungen und Schlussfolgerungen,
- die Folgerichtigkeit der Gedankenführung,
- die sprachliche Angemessenheit.

Plausibilität

- Wird eine klare These zum Verständnis der Passage formuliert?
- Wird die These begründet?
- Belegen die Argumente die These?
- Sind die Textzitate den Argumenten sinnvoll zugeordnet?

Folgerichtigkeit

- Ist die Gliederung sinnvoll?
- Wird sie eingehalten?
- Sind die Teile sinnvoll miteinander verknüpft?
- Führt die Einleitung tatsächlich zu der gestellten Aufgabe?
- Ist die Arbeit mit einem sinnvollen Schlussteil abgeschlossen?
- Sind die einzelnen Teile durch Leerzeilen und Abschnitte kenntlich gemacht?
- Machen Überleitungen die Zusammenhänge klarer?

Sprachliche Angemessenheit

- Ist das Präsens als generelle Zeitstufe der Analyse eingehalten?
- Ist eine einheitliche sachlich-analytische Sprache verwendet?
- Sind Fachbegriffe richtig verwendet?
- Stimmt die Grammatik?
- Stimmen Rechtschreibung und Zeichensetzung?
- Werden die Regeln des Zitierens beachtet?

Musterklausur 2

Martin Suter: Die dunkle Seite des Mondes (Auszug)

Rolf Blaser war ein guter Polizist, aber kein besonders ordnungsliebender. Sein Büro wirkte nur aufgeräumt, wenn die Aktenschränke geschlossen waren. Wenn er ihre Rollos hochschob, kam ein Chaos aus Akten, Altpapier, Müll und Asservaten zu Tage, in dem selbst er sich nur mit Mühe auskannte.

Vor einem dieser Rollschränke stand er jetzt und suchte nach der Akte „Gasser“.

Ein Kollege von der Stadtpolizei hatte ihn angerufen. Er hatte die alte Geschichte des Selbstmords des Verdächtigen Blank wieder aufgewärmt. Ein Pilzbuch aus dessen Besitz war im Versteck eines Mannes gefunden worden, der offenbar im Wald lebte. Der Mann war flüchtig. Der Kollege vermutete, es handle sich um Urs Blank. Er hatte in der Akte den Hinweis gefunden, dass Blaser den Mann zu einer Brandsache mit Todesfolge vernehmen wollte. Ein Umstand, der damals als mögliches Motiv für den Selbstmord in Frage gekommen war.

Der Gefreite Welti hatte vorgeschlagen, ihn im Büro aufzusuchen. Blaser hatte nichts dagegen. „Wann Sie wollen“, hatte er gesagt.

„In diesem Fall in einer Stunde“, hatte Welti geantwortet. Jetzt suchte Blaser die Akte.

Er fand sie kurz vor Weltis Eintreffen an einem Ort, wo er nicht gesucht hatte, weil er ganz sicher war, dass sie dort unmöglich sein konnte: Zwischen einer Zeitung, die er aus einem Grund aufbewahrt hatte, an den er sich nicht mehr erinnerte, und einer grauen Strickjacke, die er früher in den Übergangsmonaten im Büro trug, bevor die neue Heizung installiert wurde.

Der Polizeigefreite Welti war Mitte dreißig, ein hellhäutiger, kräftiger Mann mit roten Händen und nicht viel mehr Haaren als Blaser. Nicht unsympathisch. Er schilderte ihm die flüchtige Begegnung mit dem mutmaßlichen Blank und beschrieb das Lager in allen Details. Er erklärte, nicht ohne Stolz, wie er auf Blanks Namen gestoßen war. Blasers Frage, warum er sich für die Sache so engagiere, kam er mit der Schilderung von Paschas traurigem Ende zuvor.

Als Welti ihm den Pilzatlas mit der Inschrift zeigte, bemerkte Blaser: „Ja, mit Pilzen hatte es der.“ Er erzählte ihm von Joe Gassers magischen Pilzzirkeln, an denen Blank teilgenommen hatte. Und davon, dass kurz vor dem Brand des Fichtenhofs vermutlich Blanks Jaguar dort gesehen worden war.

Sie aßen in der Sonne, dem besseren der beiden Landgasthöfe, die für die Bewirtung eines auswärtigen Besuchers in Frage kamen. Beim Kaffee zeigte Blaser auf Blanks Pilzatlas. „Was ist mit Fingerabdrücken, Paul?“ Blaser hatte Welti beim Dreier Beaujolais, den sie sich geteilt hatten, das Du angeboten.

„Jede Menge. Aber ob sie von Blank sind, weiß ich nicht. Er ist in keiner Kartei.“

„Warum fragst du nicht in seinem Büro, ob ein Team vorbeikommen darf?“

„Mit welcher Begründung?“

„Ob Blank noch lebt oder nicht, dürfte die auch interessieren.“

Blaser griff sich den Atlas und begann darin zu blättern. „Was waren das für Pilze, die man unter seinen Vorräten gefunden hat?“

„Getrocknete.“

„Ich würde sie bestimmen lassen. Wäre interessant zu wissen, ob Drogenpilze darunter sind.“

„Verstehe.“

„Und wenn du schon dabei bist: Erkundige dich doch nach dem da.“ Blaser zeigte auf das Safrangelbe Samthäubchen, dessen Standort Blank mit rotem Kugelschreiber unterstrichen hatte.

Welti machte sich eine Notiz. Blaser war Detektivwachtmeister und Welti Polizeigefreiter. Obwohl ihr Treffen informell war und sie verschiedenen Polizeikorps angehörten, funktionierte die Hierarchie.

Im feuchten Tobel, keine zwanzig Kilometer vom Gasthof Sonne entfernt, lehnte der Mann, von dem Blaser und Welti sprachen, am Stamm einer umgestürzten Buche. Sechs Tage waren es her, dass er mit knapper Not Pascha und den Polizisten entkommen war. Er war bestimmt über zweihundert Kilometer gewandert, geklettert, geirrt, gerannt und geschlichen, um eine Distanz von vielleicht hundert Kilometer Luftlinie zurückzulegen. Je näher er seinem Ziel kam, desto mehr strengte er sich an, von niemandem gesehen zu werden. Das letzte Stück hatte er in der Nacht zurückgelegt. Der Mond war fast voll, und der Herbstwind hatte die Wolkendecke immer wieder aufgerissen und etwas Helligkeit zwischen die sich schon lichtenden Buchenkronen gebracht.

Blank besaß nur eine sehr ungefähre Vorstellung davon, wo das Rubliholz lag. Aber im ersten Licht des Tages hatte er auf einem Wegweiser das Wort „Rublifluh" entziffert. In diese Richtung war er gegangen, bis zu einer schmalen Brücke aus rohen Stämmen. Dort hatte er den Weg verlassen und war dem Tobel gefolgt, aus dem der Bach kam. Er glaubte sich zu erinnern, dass Eiben an steilen Mergelhängen wuchsen.

Das Tobel wurde immer enger. Von beiden Seiten des Baches stieg es steil an. Blank kam nur mühsam voran an der Böschung, die keinen Halt bot und glitschig war vom bleichen Buchenlaub des letzten Herbstes.

Auf einmal sah er weit oben zwischen den Stämmen eine Gruppe Eiben. Fast schwarz hoben sie sich vom Hintergrund aus Buchenlaub ab, das sich schon gelbgrün zu verfärben begann. Blank lehnte sich an den Stamm einer umgestürzten Buche und sammelte Kräfte für den Aufstieg.

Aus: Martin Suter, *Die dunkle Seite des Mondes*, Diogenes Taschenbuch, Zürich 2001, S. 263 ff.

Aufgabenstellung

1. Ordnen Sie die Textstelle in den Gesamtzusammenhang des Romans ein.
2. Interpretieren Sie diesen Romanausschnitt, beziehen Sie die sprachliche und erzählerische Gestaltung in Ihre Untersuchung ein.
3. Vergleichen Sie die Welt der Polizisten mit der Welt der Anwälte und Investoren.

1. Erstes Überfliegen des Textes – Aufgabenstellung erfassen

→ 2. → 3. → 4. → 5. → 6.

Überfliegen Sie den Romanausschnitt, und verschaffen Sie sich einen ersten Eindruck vom Text. Formulieren Sie anschließend eine oder mehrere Verstehenshypothesen.

Welche Personen handeln?	►	Figuren
In welchen Situationen?	►	Ort, Zeit, Handlung
Um was geht es?	►	Themen
Welche Ziele werden verfolgt?	►	Intentionen, Interessen

- Zwei Erzählstränge des Romans kommen zusammen.
- Die beiden Polizisten Blaser und Welti treffen sich das erste Mal in Blasers Büro und tauschen ihr Wissen über den flüchtigen Blank aus.
- Beide wirken bieder und unscheinbar – ganz im Gegensatz zu den Vertretern der Welt der Investoren und Wirtschaftsanwälte, die bislang im Roman eine Rolle gespielt haben.
- Urs Blank ist noch auf der Flucht, scheint aber seinem Ziel näher zu kommen, den Pilztrip wiederholen und korrigieren zu können.

Lesen Sie nun die Aufgabestellung genau durch. Machen Sie sich klar, was von Ihnen erwartet wird.

Bei der **ersten Teilaufgabe** ordnen Sie den vorgegebenen Textausschnitt in den Gesamtzusammenhang des Romans ein. Fassen Sie dazu zunächst den Inhalt des Textauszugs in eigenen Worten zusammen. Erklären Sie dann, was man aus der vorausgegangenen Handlung wissen muss, um den Textauszug richtig zu verstehen. Stellen Sie knapp dar, wohin die hier sichtbaren Handlungsstränge führen.

Die **zweite Teilaufgabe** verlangt eine sorgfältige inhaltliche und sprachliche Analyse des vorgelegten Textauszugs. Hier geht es um die Figurenkonstellation, das Verhalten der Personen mit ihren erkennbaren oder mutmaßlichen Interessen. Außerdem sollen Sie die sprachlichen und erzählerischen Mittel analysieren.

Die **dritte Teilaufgabe** bezieht sich auf den ganzen Roman. Sie arbeiten heraus, was die Welt der Polizisten und die Welt der Anwälte charakterisiert. Hier sollten Sie auch selbst Position beziehen.

1. → **2. Text aspektorientiert erschließen** → **3.** → **4.** → **5.** → **6.**

Teilschritt: Inhalt sichern (→ 1. Teilaufgabe)

Lesen Sie den Text, und gliedern Sie ihn in Sinnabschnitte. Finden Sie eine Überschrift für jeden Sinnabschnitt.

- Eine solche Inhaltsübersicht dient der Texterschließung und erleichtert den Zugang zum Text.
- Sie dient der schnelleren Orientierung im Text.
- Sie hilft beim Schreiben, da sie Formulierungen vorgibt, die bei der Textbeschreibung wieder aufgenommen werden können.

Z.1-18: Blaser sucht in seinem Büro nach den Unterlagen zum Fall Blank.
Z.19-27: Welti trifft ein und trägt seine bisherigen Ermittlungsergebnisse vor.
Z.28-45: Blaser und Welti setzen sich bei einem Arbeitsessen zusammen; sie planen ihre weitere Vorgehensweise.
Z.46-54: (...)
Z.55-62: (...)
Z.63-66: (...)

Setzen Sie die Inhaltsübersicht fort.

Teilschritt: Zusammenhang im Roman klären (→ 1. Teilaufgabe)

Überlegen Sie hier gründlich: Welche Handlungselemente führen zu den hier dargestellten Situationen? Welche Folgen ergeben sich daraus?
Achten Sie darauf, dass Sie nicht in eine Nacherzählung der Handlung hineingeraten. Denken Sie daran, im Präsens zu schreiben.

- Wann und wo spielt die Handlung?
- Welche Informationen der vorausgegangenen Handlung sind wichtig für das Verständnis des Abschnittes?
- An welcher Stelle im Roman steht der vorliegende Textauszug?
- Welche Konsequenzen ergeben sich aus der Szene?
- Welche zentralen Konflikte des Romans werden im Textauszug angesprochen?

Ordnen Sie die Textstelle in den Gesamtzusammenhang des Romans ein.

Handlungszusammenhang:
Ort und Zeit der Handlung:
- Blasers Büro, Landgasthof
- Blank im Wald nahe Rublifluh, kurz vor dem dritten Pilztrip
- (...)

Vorgeschichte/Stellung im Roman:
- Blanks erster Pilztrip hat zu einer unheimlichen Persönlichkeitsveränderung geführt.
- Ein zweiter Pilztrip soll die Veränderung rückgängig machen, ist aber nur teilweise erfolgreich.
- Auf der Suche nach Informationen über die verwendeten Pilze ermordet Blank Joe, den Initiator der Pilztrips, und setzt den Fichtenhof, Joes Wohnsitz, in Brand.
- Der Polizist Blaser ermittelt wegen Brandstiftung auf dem Fichtenhof. In dem Zusammenhang stößt er auf den Fall des vermissten Urs Blank.
- (...)

Fortgang der Handlung:
- Die verschiedenen Handlungsstränge des Romans (Blanks Flucht in den Wald und die Suche nach dem geheimnisvollen Pilz, die polizeilichen Ermittlungen wegen Blanks fingiertem Selbstmord) stehen kurz vor der Zusammenführung.
- Blank führt seinen dritten Pilzversuch durch.
- (...)
- (...)

Zentrale Themen:
- Mühselige Arbeit der Polizisten; steht in krassem Gegensatz zur Geschäftswelt der Unternehmer und Anwälte
- Kontrollverlust Blanks; suche nach der alten Identität

Teilschritt: Figurendarstellung untersuchen (→ 2. Teilaufgabe)

Im vorgegebenen Textausschnitt sind verschiedene Darstellungsformen verwendet. Neben Berichten des Erzählers (z. B. Z. 5–11) und Dialogen gibt es auch Kommentare des Erzählers (z. B. Z. 1–4). Die Figuren charakterisieren sich also z. T. durch ihre Art zu reden und sich zu verhalten, z. T. werden sie vom Erzähler direkt charakterisiert (Z. 1 ff., Z. 44 f.).

Bitte ergänzen Sie die Notizen zur Figurengestaltung.

Blaser:
- Unordentlich, sein Büro ist nicht gut organisiert
- Offenbar nicht übermäßig beschäftigt, kann sich rasch mit Welti treffen

Welti:
- Einfach, bieder
- Stolz auf seine detektivischen Fähigkeiten
- Erscheint weich
- Aber: bei aller Durchschnittlichkeit des Aussehens und Benehmens beherrschen Blaser und Welti ihr Handwerk und entwickeln einen durchdachten, schlüssigen Ermittlungsplan.

Blank:
- Gejagt, atemlos, „jagt" selbst nach den Pilzen,
- In die Enge getrieben

Teilschritt: Sprachliche Gestaltung untersuchen (→ 2. Teilaufgabe)

Die Untersuchung der sprachlichen Gestaltung ist kein Selbstzweck. Vielmehr soll sie zeigen, welche sprachlichen Mittel genutzt werden und wie diese die Figuren und ihr Verhalten charakterisieren.

- Gehen Sie bei der sprachlichen Analyse exemplarisch vor.
- Suchen Sie Beispiele, die besonders aussagekräftig sind.
- Kombinieren Sie verschiedene sprachliche Merkmale, und ordnen Sie sie einem leitenden Gesichtspunkt unter.

Welche Besonderheiten charakterisieren die sprachliche Darstellung?

Blaser und Welti:
- Auffallend unauffällige sprachliche Darstellung
- Alltagssprachliche Wendungen
- Knappe Dialoge mit z.T. unvollständigen Sätzen

Blank:
- Dramatische Reihung („gewandert, geklettert, geirrt, gerannt und geschlichen", Z. 49)
- Dramatische Naturdarstellung (Vollmond, aufreißende Wolkendecke, bedrohlich wirkende Eiben); Ort (gefährliches Tobel, glitschiger Boden); „Stamm einer umgestürzten Buche" (Z. 47, Z. 65)

Überlegen Sie, wie damit die jeweilige Person und ihre Situation charakterisiert ist.

Teilschritt: Erzählerverhalten untersuchen (→ 2. Teilaufgabe)

Für die Analyse des Erzählerverhaltens gilt dasselbe wie für die Untersuchung der sprachlichen Mittel. Überlegen Sie auch hier, welche Wirkungen eine bestimmte Erzähltechnik hat. Wie werden die Leser durch bestimmte Darstellungsmittel gelenkt?

- Neutraler/personaler Erzähler: zunächst aus der Perspektive Blasers, dann aus der Perspektive Blanks
- Eingreifen eines deutlich steuernden Erzählers bei der Zusammenführung der beiden Erzählstränge (Z. 46 f.)
- Filmisches Erzählen im Blank-Teil: extreme „Kameraperspektiven", gelegentlich Innensicht („glaubte sich zu erinnern"), starke Zeitraffung, dann Verlangsamung, Zuspitzung/Einengung

Überlegen Sie, wie Sie selbst durch diese Mittel gelenkt wurden. Welche Einstellung entsteht zu dem erzählten Geschehen und zu den Figuren?

Teilschritt: Deutungsthese formulieren (→ 2. Teilaufgabe)

Durch die sorgfältige Untersuchung der verschiedenen Aspekte haben Sie ein differenziertes Verständnis der vorgelegten Passage erreicht.

Formulieren Sie zusammenfassend dieses Verständnis in einer Deutungsthese: Worum geht es in diesem Textauszug Ihrer Meinung nach?

- Die Textstelle zeigt einerseits die gemächliche Arbeit der Polizisten, die ganz unspektakulär ihrem Beruf nachgehen.
- Kontrastiert wird diese ruhige Passage andererseits mit der Darstellung des gehetzten Blank auf der Suche nach den Samthäubchen. Er ist am Ende seiner Kräfte, seine Vorräte sind fast aufgezehrt.
- Die beiden Handlungsstränge (Polizeiarbeit und Blanks Pilzversuche) sind kurz vor der Zusammenführung.

1. → 2. → **3. Den Vergleich vorbereiten** → 4. → 5. → 6.

Die dritte Teilaufgabe verlangt von Ihnen, zwei verschiedene Lebensbereiche miteinander zu vergleichen, die Welt der Polizisten und die Welt der Investoren und Anwälte. Stellen Sie zunächst mögliche Vergleichsaspekte zusammen. In diesen Vergleich sollte Ihre Kenntnis des Romanganzen einfließen.

Sammeln Sie mögliche Vergleichsaspekte.

	Welt der Polizisten	*Welt der Anwälte und Investoren*
Aussehen	- Einfache, rustikale Kleidung (S. 141) - Versuch, mit Kleidungsstücken Helden in Fernsehkrimis zu imitieren (S. 161 f.) - Strickjacke - Allerweltstypen - Blaser: schlechte Zähne (S. 140) - Welti: einfach, behäbig	- Gepflegte, teure Kleidung - Businessanzüge - Durchtrainierte Erscheinung (Ott)
Lebensstil	- Einfache Restaurants - Blauer Dienstopel	- Teure Restaurants - Champagner - Teure Autos - Personal
Arbeit/ Ressourcen	- Antiquiert: Reiseschreibmaschine statt Computer	- Personell und materiell beste Ausstattung
Arbeitsweise	- Mühsame eigene Recherche; für alles selbst zuständig	- Mitarbeiter, die unterstützen und zuarbeiten - Pflege von Beziehungen
Berufsethos/ Ziel des beruflichen Handelns	- Ordnung, Recht, Gerechtigkeit soll durchgesetzt werden	- Eigener Vorteil dominiert (Anwälte machen mit Aktienkäufen bei der CONFED-Fusion Kursgewinne von knapp vierhundert Millionen Dollar → Wirtschaftskriminalität)

Prüfen Sie zunächst die oben stehenden Notizen auf Vollständigkeit, indem Sie die entsprechenden Passagen im Interpretationsteil durcharbeiten. Nehmen Sie Ergänzungen vor.
Ziehen Sie dann ein Fazit. Was sind grundlegende Unterschiede? Bringen Sie Ihre eigene Bewertung ein und beziehen Sie Stellung.

1. → 2. → 3. → **4. Gliederung erstellen** → 5. → 6.

Bevor Sie mit dem Schreiben Ihres Aufsatzes beginnen, erstellen Sie eine Gliederung, die Ihnen als Leitfaden beim Verfassen der Arbeit dient. Für die Strukturierung des Hauptteils orientieren Sie sich an den Teilaufgaben. Dennoch bleibt Ihnen hier Spielraum, den Sie bewusst gestalten sollen.

Einleitung:
Informationen zum Roman, Hinweis auf Thematik

Hauptteil:

1. Teilaufgabe:
- a) Einordnung in den Gesamtzusammenhang des Romans
- b) Inhaltszusammenfassung des vorgegebenen Textes
  (Reihenfolge b)–a) ist auch möglich.)

2. Teilaufgabe:
- a) Formulierung der Deutungsthese
- b) Teil ‚Polizisten': Figurenanalyse, sprachliche Gestaltung
- c) Teil ‚Blank': Analyse der Figur, sprachliche Gestaltung
- d) Erzählerverhalten

3. Teilaufgabe:
Vergleich der Welt der Polizisten mit der Welt der Anwälte und Investoren

Schluss:
Eigene Bewertung einbringen, Fazit ziehen

Einleitung und **Schluss** rücken Ihre Arbeit ins rechte Licht. Sie sollen möglichst aufeinander bezogen sein. Die Einleitung führt zur Bearbeitung der Aufgabe hin. Ein allgemeiner Satz zum Inhalt des Romans reicht also nicht. Erst nach der Bearbeitung der einzelnen Teilschritte wissen Sie, was in dem Thema steckt. Deshalb kann die Einleitung auch erst dann geschrieben werden.

Elemente der Einleitung

- Titel
- Textsorte
- Verfasser
- Entstehungszeit oder Jahr der Veröffentlichung
- Thematik des Romans
- Thema der Aufgabe
- evtl. Hinweise auf Vorgehensweise

Nicht weniger wichtig als die Einleitung ist der Schlussteil. Verschiedene Möglichkeiten der Gestaltung bieten sich an.

Möglichkeiten für den Schlussteil

- Sie fassen das/die wichtigste(n) Ergebnisse zusammen und heben dessen/deren Bedeutung hervor.
- Sie entwickeln ein gut begründetes Urteil zum Inhalt oder zur Textgestalt. Vorsicht aber vor Plattitüden.
- Sie fragen nach der Bedeutung des Textes für Sie selbst oder für unsere Gegenwart. Ein bloßes Beteuern, dass der Text „immer noch aktuell" sei, reicht allerdings nicht.

Um Ihren Gedankengang für andere nachvollziehbar zu machen, müssen Sie für **Überleitungen** sorgen, die zeigen, wie Sie die Zusammenhänge sehen.

Einige von vielen Möglichkeiten für Überleitungen

- **Übergeordnetes Thema nennen:** Sie kündigen an, worum es im Folgenden gehen soll.

  Beispiele:

  Überleitung zur sprachlichen Analyse:
  Bemerkenswert ist vor allem die dramatische Sprache der Passage.

  Überleitung zum Erzählerverhalten:
  Auffällig ist das vielfältige Erzählerverhalten.

  Überleitung zum Vergleich der verschiedenen Lebenswelten:
  Allem Anschein nach ist die Welt der Anwälte und Investoren der Welt der Polizisten meilenweit überlegen. Tatsächlich …

- **Unterschiede (Gemeinsamkeiten) hervorheben:** Sie geben den Vergleichspunkt (tertium comparationis) an und erläutern anschließend die jeweilige Ausprägung.

  Beispiele:

  Entsprechend unterschiedlich sind die Lebensstile.
  Das gleiche Bild bei den Arbeitsbedingungen.

- **Inhaltlich-logische Bezüge klarmachen:** Viele nur scheinbar nebensächliche Wörter haben eine wichtige Funktion bei der Verdeutlichung von Zusammenhängen.

  Abfolge

  Im weiteren Verlauf fingiert Blank einen Selbstmord.
  Danach nehmen wir wieder die personale Perspektive Blanks ein.

  Aufzählen

  Darüber hinaus ist der Roman auch ein Wirtschaftskrimi.
  Die Reihung dient der zeitlichen Raffung, macht **aber auch** die Mühsal deutlich …

  Gegensätze betonen

  Während bei den Polizisten alles sehr bescheiden ist, bewegen sich die Anwälte in teuren Restaurants …
  Die Anwälte **hingegen** widmen sich der Pflege der Beziehungen.

  Fazit ziehen

  Jetzt ist klar, dass beim ersten Pilztrip verschiedene Wirkstoffe …
  Keine Frage: Hier spitzt sich etwas zu.

(Beispiele aus der Musterklausur)

Machen Sie sich die Wirkung der fettgedruckten Ausdrücke klar, indem Sie die Sätze ohne sie formulieren.

1. → 2. → 3. → 4. → **5. Klausur schreiben** → 6.

Schreiben Sie nun den Aufsatz. Nutzen Sie dazu Ihre Vorarbeiten und Ihre Gliederung.

Einleitung:
Martin Suters Roman „Die dunkle Seite des Mondes" erschien im Jahr 2000 und hatte wie viele seiner Romane großen Erfolg. Der Roman bietet die spannend erzählte Geschichte des Staranwalts Urs Blank, der durch Drogenkonsum seine Selbstkontrolle verliert. Darüber hinaus ist der Roman auch ein Wirtschaftskrimi, in dem zwei einfache Polizisten, ohne das zunächst zu wissen, gegen einflussreiche Spekulanten ermitteln.

Hauptteil:
1. Teilaufgabe
Auf Vorschlag von Lucille, seiner jungen Geliebten, hat Urs Blank, Spezialist für Firmenfusionen, auf dem Fichtenhof von Joe, einem Althippie, an einem Trip mit halluzinogenen Pilzen teilgenommen. Er weiß nicht, dass sich bei seiner Pilzportion ein Pilz befindet, der die Wirkung der anderen Pilze noch verstärkt. Der Drogenkonsum führt zu gravierenden Persönlichkeitsveränderungen. Blank hat sich nicht mehr unter Kontrolle, gibt jedem aggressiven Impuls nach und hält sich für das Maß aller Dinge. Unter der Anleitung seines Freundes, des Psychiaters Wenger, der nicht weiß, dass Blank bereits den Tod von Menschen verursacht hat, wiederholt er den Trip mit dem Ziel, die „Richtung" neu zu bestimmen. Dieser zweite Trip bringt nicht die Selbstkontrolle zurück, führt aber dazu, dass Blank nach unkontrolliertem Verhalten wieder ein schlechtes Gewissen empfindet. Jetzt ist Wenger und Blank klar, dass beim ersten Pilztrip verschiedene Wirkstoffe beteiligt waren. Auf der Suche nach diesem anderen Pilz fährt Blank zu Joe auf den Fichtenhof. Er erhält nur unzureichende Informationen, bedroht Joe, bringt ihn um und zündet den Hof an. Im weiteren Verlauf der Handlung fingiert Blank einen Selbstmord und zieht sich ganz in den Wald zurück. Das Leben im Wald sieht er als Therapie, es bietet ihm Schutz vor anderen und schützt andere vor ihm. Schnell wird ihm aber klar, dass jeder Mensch, dem er sich nähert, durch ihn gefährdet ist. Deshalb beschließt er, mit einem dritten Trip mit den richtigen Pilzen die verstörende Wirkung des ersten Trips wieder aufzuheben. Bei einer nächtlichen Recherche in seiner ehemaligen Kanzlei beschafft er sich die gewünschten Informationen über den gesuchten Pilz. Darüber hinaus entdeckt er brisante Informationen über kriminelle Machenschaften seiner Partneranwälte, die ihn aber nicht interessieren.
Der Brand auf dem Fichtenhof ruft die Polizei auf den Plan. Der zuständige Detektivwachtmeister Blaser stellt aber seine Ermittlungen ein, als er herausfindet, dass der einzige Verdächtige, Blank, vermutlich Selbstmord begangen hat. Bewegung kommt in die Ermittlungen erst, nachdem der Spürhund des Polizeigefreiten Welti von Blank getötet wird. Gemeinsam kommen Blaser und Welti nicht nur Blank auf die Spur, sie stellen auch Pius Ott, unmittelbar nachdem er Blank ermordet hat. Nebenbei decken sie das millionenschwere illegale Insidergeschäft auf, was zur Schließung der Kanzlei führt.
Im ersten Teil der vorgegebenen Passage treffen Blaser und Welti zum ersten Mal aufeinander. Bei einem Arbeitsessen tragen sie ihre Informationen zum Fall Blank zusammen und legen die nächsten Schritte fest. Blaser schlägt vor, Fingerabdrücke in der Kanzlei zu nehmen, um Vergleichswerte zu haben, einen Experten getrocknete Pilze aus Blanks Lager bestimmen zu lassen und diesen auch zu einem Pilz, dem Samthäubchen, zu befragen, den Blank in seinem Pilzatlas besonders markiert hatte. Der zweite Teil der ausgewählten Passage zeigt Blank ganz in der Nähe der beiden

Polizisten. Er ist auf der Suche nach dem Samthäubchen an dem angegebenen Standort und glaubt, den richtigen Ort gefunden zu haben.
Der Textausschnitt steht gegen Ende des Romans. Die einzelnen Handlungsstränge nähern sich einander an und stehen kurz vor der Auflösung.

2. Teilaufgabe

Der erste Teil dieser Textstelle zeigt die gemächliche Arbeit der Polizisten, die ganz unspektakulär ihrem Beruf nachgehen. Kontrastiert wird diese ruhige Passage mit der Darstellung des gehetzten Blank auf der Suche nach den Samthäubchen im zweiten Teil. Er ist am Ende seiner Kräfte, seine Vorräte sind fast aufgezehrt.
Der Erzähler stellt Blaser als guten, aber nicht besonders ordnungsliebenden Polizisten vor und macht Letzteres daran deutlich, dass er nur zufällig findet, was er sucht, weil in den Schränken seines Büros das Chaos herrscht. Die Schränke sind nicht geordnet, Dokumente, Altpapier und Kleidungsstücke liegen bunt durcheinander und wieso er eine bestimmte Zeitung aufgehoben hat, weiß er auch nicht mehr. Man traut ihm nicht viel zu. Für Welti hat er gleich Zeit, also hat er nicht zu viel zu tun. Welti wird als eher bäuerlicher Mittdreißiger geschildert, der stolz ist auf das, was er herausbekommen hat. Er erzählt offenbar gerne von seinen Ermittlungen. Die entscheidenden Impulse im Gespräch kommen aber von Blaser. Beide Polizisten umgibt eine „Aura" von Gemächlichkeit und Biederkeit, die sie deutlich von der Welt der Anwälte und Investoren abhebt. Die sprachliche Gestaltung des ersten Teils dieser Passage (Z. 1–45) ist auffallend unauffällig und passt damit auch gut zu den beiden Personen.
Auffällig dagegen ist das vielfältige Erzählerverhalten. Ein fast schon auktorial zu nennender Erzähler kennt sich in den Schubladen und Rollschränken Blasers aus und mischt sich kurz ein, um die beiden Handlungsstränge zusammenzuführen: In einem „feuchten Tobel, …, lehnte der Mann, von dem Blaser und Welti sprachen." (Z. 46 f.) Während der Leser am Anfang des Romans mit vielen Leerstellen konfrontiert wird und selbst zum Detektiv gemacht wird, steht der Erzähler jetzt dem Leser erklärend zur Seite: Hier wird etwas zu Ende gebracht.
Danach nehmen wir wieder die personale Perspektive Blanks ein. Eine Innensicht („Blank besaß nur eine sehr ungefähre Vorstellung davon, …", Z. 55) führt uns ganz nah an den Protagonisten heran.
Blank ist atemlos. Die Suche nach dem Samthäubchen ist zu einer Obsession, zu einer Jagd geworden. Viele Informationen hat er nicht, er scheint einem Instinkt zu folgen. Wir sehen ihn in einer Verschnaufpause an den „Stamm einer umgestürzten Buche" (Z. 47, Z. 65) gelehnt. Die Wiederholung dieser Formulierung markiert die Dauer der Pause. Er nutzt sie zum Rückblick auf die letzten sechs Tage, seitdem er den Hund Weltis getötet hat.
Bemerkenswert ist vor allem die dramatische Sprache der Passage, die Blank betrifft. Die Reihung „gewandert, geklettert, geirrt, gerannt und geschlichen" (Z. 49) dient der zeitlichen Raffung, macht aber auch die Mühsal deutlich, der sich Blank unterzieht, und differenziert die Fortbewegungsart. Dramatisch ist auch der Ort und die Szenerie: Es ist fast Vollmond, die Wolkendecke reißt immer wieder auf, das Ganze findet in einer Waldschlucht statt, die sich stetig weiter verengt. Drohend schwarz werden die Eiben beschrieben, die Blank von unten sieht. Sie wirken wie Gegner, die er besiegen oder gegen die er unterliegen muss. Dieser filmische Blick macht Blank klein. Keine Frage: Hier spitzt sich etwas zu, auch sprachlich.

3. Teilaufgabe

Allem Anschein nach ist die Welt der Anwälte und Investoren der Welt der Polizisten meilenweit überlegen. Tatsächlich haben die Wohlhabenden ein besseres, auch gesünderes Aussehen, einen exquisiten Lebensstil und hervorragende Arbeitsbedingungen.

Die Anwälte bewegen sich in teuren Businessanzügen, die Polizisten ziehen auch mal Strickjacken an, die sie im Büro irgendwo deponieren. Den Lumberjack seines Kollegen Schär bedenkt Blaser mit Ironie (S. 161). Die Polizisten haben „schlechte Zähne" wie Blaser (S. 140), ihre Gesichtshaut ist „grobporig" (S. 269) und sie haben „rote Hände" wie Welti (Z. 19f.). Über den Polizisten, der in der Kanzlei Fingerabdrücke abnimmt, rümpfen die Anwälte die Nase wegen „seiner Ausdünstungen aus Schweiß und Magensäure" (S. 269).
Entsprechend unterschiedlich sind die Lebensstile. Während bei den Polizisten alles sehr bescheiden ist, bewegen sich die Anwälte in teuren Restaurants und Hotels, fahren exquisite Autos, trinken Champagner, wenn ein Geschäft gut gelaufen ist, und beschäftigen Personal auch im Privatleben.
Das gleiche Bild bei den Arbeitsbedingungen. Während die Anwälte beste personelle und sächliche Bedingungen haben, arbeiten die Polizisten in schlecht geheizten, stickigen Büros. Blaser verwendet nicht einmal einen Computer, sondern schreibt auf einer Reiseschreibmaschine. Bei ihren Ermittlungen sind die Polizisten eigentlich für alles selbst zuständig. Die Anwälte hingegen werden von Mitarbeitern und Sekretärinnen unterstützt und haben Zeit, sich der Pflege von Beziehungen zu widmen. Die Polizisten scheinen „hinter dem Mond" zu leben (S. 162), auch der Leser traut ihnen nicht viel zu. Es müsste den Geldmenschen ein Leichtes sein, sie zu umgehen.
Das allerdings gelingt den Investoren und Anwälten nicht. Selbst der sehr negativ dargestellte Polizist, der in Blanks ehemaligem Büro nach dessen Fingerabdrücken sucht, lässt sich von Gerber, gewissermaßen Blanks Nachfolger, in seiner Arbeit nicht beirren. Alle Polizisten machen sorgfältig ihre Arbeit und tragen damit zu Ordnung, Recht und Gerechtigkeit in der Gesellschaft bei. Blaser und Welti entwickeln bei ihrem Zusammentreffen bei aller Gemächlichkeit und Biederkeit ein sehr effizientes Arbeits- und Untersuchungsprogramm, das dann auch zum vollen Erfolg führt.
Die Anwälte lassen ihre Beziehungen zum Polizeipräsidenten spielen, um zu verhindern, dass nach Blank weiter gesucht wird. Der Polizeipräsident erweist sich als empfänglich für die Beeinflussung, ist also korrupt. Er untersagt den Polizisten die Veröffentlichung des Fahndungsbildes Blanks. Die Anwälte fragen auch nicht nach, wie Ott denn verhindern wolle, dass man Blank finde (S. 269) und nehmen damit ein Verbrechen billigend in Kauf. Ihr Handeln ist ausschließlich am eigenen Vorteil orientiert, es ist korrupt und verbrecherisch.
Die Polizisten dagegen, dem Ethos ihres Berufs verpflichtet, setzen sich über die Anweisung ihres Präsidenten hinweg. Sie klären damit nicht nur den Fall Blank, sondern decken in der Folge auch die millionenschweren Betrügereien der Anwälte bei der internationalen Fusion der Versicherungskonzerne auf. Diese Großleistung deutet der Erzähler nur im letzten Satz an, womit er den Leser wieder zum Detektiv macht.

Schluss:
So eindrucksvoll die Welt der Anwälte und Investoren auf den ersten Blick scheint, moralisch und juristisch gesehen handelt es sich um Kriminelle. Es sind die Polizisten, die ihrer gesellschaftlichen Verantwortung gerecht werden. So bieder sie daherkommen, Blaser und Welti sind die erfolgreichen Gegenspieler der Global Player und damit die eigentlichen Helden des Romans.

1. → 2. → 3. → 4. → 5. → **6. Klausur überarbeiten**

Teilen Sie sich Ihre Zeit so ein, dass Sie Ihre Klausur am Schluss noch einmal überarbeiten können. Bedenken Sie dabei, dass die sprachliche Darstellung in der Regel mit ca. 25 % in die Bewertung eingeht.

Entscheidend bei der Bewertung sind:

- die Plausibilität (Stimmigkeit) der Begründungen und Schlussfolgerungen,
- die Folgerichtigkeit der Gedankenführung,
- die sprachliche Angemessenheit.

Plausibilität

- Wird eine klare These zum Verständnis der Passage formuliert?
- Wird die These begründet?
- Belegen die Argumente die These?
- Sind die Textzitate den Argumenten sinnvoll zugeordnet?

Folgerichtigkeit

- Ist die Gliederung sinnvoll?
- Wird sie eingehalten?
- Sind die Teile sinnvoll miteinander verknüpft?
- Führt Ihre Einleitung tatsächlich zu der gestellten Aufgabe?
- Hat die Arbeit einen sinnvollen Schlussteil?
- Sind die einzelnen Teile durch Leerzeilen und Abschnitte kenntlich gemacht?
- Machen Überleitungen die Zusammenhänge klarer?

Sprachliche Angemessenheit

- Ist das Präsens als generelle Zeitstufe der Analyse eingehalten?
- Ist die Arbeit in einer einheitliche sachlich-analytische Sprache formuliert?
- Sind Fachbegriffe richtig verwendet?
- Stimmt die Grammatik?
- Stimmen Rechtschreibung und Zeichensetzung?
- Werden die Regeln des Zitierens beachtet?

Interpretation „Die dunkle Seite des Mondes“

1 Einführung

Werke des Autors

Der Roman „Die dunkle Seite des Mondes“ erschien 2000 als zweiter Roman des 1948 geborenen Schweizer Autors Martin Suter. Inzwischen sind insgesamt neun Romane erschienen, von denen viele große Auflagen erlebten. Einige seiner Romane wurden verfilmt. Darüber hinaus hat er Stücke und Drehbücher geschrieben. Für die „Weltwoche“ und das Monatsmagazin der „Neuen Zürcher Zeitung“ schrieb und schreibt er Kolumnen.

Der Autor

Vor seiner Karriere als Autor arbeitete Suter in der Werbebranche. Bereits mit 26 Jahren war er Creative Director einer renommierten Basler Werbeagentur. Später gründete er seine eigene Werbeagentur. Seinen ersten Roman „Small World“ veröffentlichte er 1997. Sowohl für seine satirischen Kolumnen als auch für seine Romane erhielt er zahlreiche Preise.

Handlungsorte: Gehobene Milieus

Die Handlungsorte von Suters Romanen liegen überwiegend in der Schweiz. Die Protagonisten leben in „gehobenen Milieus“ als Industrielle, Manager, Investoren, Banker und Wirtschaftsanwälte. Thematisch geht es um Macht und Konkurrenz in Chefetagen, um Luxus und Intrigen in Sternerestaurants, Wellness-Oasen und in der Kunstszene. Aber auch ein Fall von Demenz spielt eine wichtige Rolle – allesamt Themen von heute.

Drei Romane: Ein Thema

Formal betrachtet, kann man seine ersten drei Romane „Small World“ (1997), „Die dunkle Seite des Mondes“ (2000) und „Ein perfekter Freund“ (2002) als Krimis bezeichnen. Außerdem haben sie ein gemeinsames Thema. Sie variieren das Thema „Persönlichkeitsveränderung“.
Der Roman „Small World“ zeigt die Veränderung eines Menschen durch Altersdemenz. Was vergisst der Protagonist, in welcher Reihenfolge? Welche Erinnerungen werden aber sogar genauer? Wie wird die Krankheit behandelt?
Der Protagonist des Romans „Ein perfekter Freund“ hat eine Gedächtnislücke, verursacht durch ein Schädeltrauma. Er kann sich nicht an die letzten 50 Tage erinnern. Aus dem Verhalten der anderen Personen ihm gegenüber versucht er zu erschließen, was passiert ist. Er wird zu seinem eigenen Detektiv mit dem Ziel herauszufinden, wer er war, wie die anderen Personen zu ihm standen und wie die Beziehungen zu ihnen jetzt einzuschätzen sind.
Der Roman „Die dunkle Seite des Mondes“ behandelt Persönlichkeitsveränderung durch Drogenkonsum.

Identitätsprobleme

Suter betont selbst, dass die Themen dieser drei Romane zusammengehören. In einem Interview mit der Wiener Zeitung am 24. Mai 2002 bezeichnet er seine ersten drei Romane als „neurologische Trilogie“, weil der Protagonist jeweils mit Identitätsproblemen zu kämpfen habe:

> „Es geht (...) nicht in erster Linie ums Vergessen, sondern um Identität. Denn Identität besteht großteils aus Erinnern – und wenn sich an diesem Erinnern etwas ändert, gerät die Identität sofort in eine Krise. Bei meinem zweiten Roman, „Die dunkle Seite des Mondes“, ist es ein bisschen etwas anderes: Da bekommt der Protagonist der Handlung eine Einsicht, die er bei einem Pilz-, also Drogentrip gewonnen hat, nicht mehr aus seinem Kopf. Und dieses vermeintliche Wissen verändert ihn komplett.“

2 Inhaltsübersicht

Blank als erfolgreicher Wirtschaftsanwalt (Kap. 1–3)

Ort und Zeit der Romanhandlung

Schauplatz der Romanhandlung ist eine Schweizer Wirtschaftsmetropole, kurz vor der Wende zum 21. Jahrhundert.
Urs Blank, 45, erfolgreicher Wirtschaftsanwalt in der renommierten Kanzlei „Geiger, von Berg, Minder & Blank", ist Spezialist für Firmenübernahmen und Fusionen. Seit drei Wochen arbeitet er an den Fusionsverträgen für den Zusammenschluss der Textilketten ELEGANTSA und CHARADE. Allen Beteiligten ist dabei klar, dass es eigentlich um den Kauf des Unternehmens ELEGANTSA, das Dr. Fluri gehört, geht und nicht wirklich um eine Fusion. Blank kennt zudem das Gerücht, dass hinter der CHARADE der international operierende Spekulant Pius Ott stehe, was sich bald als zutreffende Information herausstellt.

Beginn der Romanhandlung

Die Handlung beginnt mit einem Treffen der Vertragspartner Ende März, das aus Geheimhaltungsgründen in dem Ausflugslokal „Waldruhe" stattfindet. Wie bei den Treffen zuvor scheitern die Verhandlungen, weil Dr. Fluri immer neue Bedingungen stellt. Erst als Blank dem Verhandlungsführer von CHARADE, Nauer, empfiehlt, die Verhandlungen bei weiteren Verzögerungen abzubrechen, kann ein Termin für eine neue Verhandlungsrunde gefunden werden.

Hauptfigur: Wirtschaftsanwalt Urs Blank

Nach dem Treffen in der „Waldruhe" beschließt Blank, kein Taxi zu nehmen, sondern zu Fuß zur nächsten Straßenbahnstation zu gehen. Er genießt diesen Waldspaziergang. Die Tatsache, dass er sich nicht erinnern kann, wann er das letzte Mal durch einen Wald gegangen ist, bringt ihn ins Grübeln. Mit völlig verschmutzten Schuhen und Buchenlaub in den Hosenaufschlägen trifft er im Design-Laden von Evelyne Vogt, seiner Lebenspartnerin, ein. Dort wird gerade eine Ausstellung eröffnet. Evelyne ärgert sich über Blanks Auftritt und sein latent aggressives Verhalten gegenüber zwei ihrer Kunden.

Tags drauf – wie jeden Mittwoch – trifft Blank seinen alten Schulfreund Alfred Wenger, Psychiater mit eigener Praxis, zum Mittagessen im „Goldenen Löwen". Wieder entscheidet er sich zu Fuß zu gehen. Er durchquert einen Park, in dem zu seiner Überraschung ein Flohmarkt stattfindet. Ein vertrauter Duft zieht ihn zu einem Stand mit Räucherstäbchen, Seidentüchern und anderen asiatischen Gegenständen. Die Besitzerin des Stands, Lucille Roth, beeindruckt ihn mit der Farbe ihrer Augen. Blank kauft ein Päckchen Räucherstäbchen, die er zum Entsetzen Evelynes später am Abend auch anzündet. Blank beginnt ein Verhältnis mit Lucille, Evelyne entscheidet sich, dies zu ignorieren.

Anton Huwyler, Präsident von CONFED, der größten Versicherungsgruppe des Landes, möchte Blank mit der Fusion von CONFED und drei weiteren Versicherungen zum größten Versicherungskonzern der Welt beauftragen. Blank zögert, dieses sensationelle Mandat anzunehmen.

Nach der Empfehlung Blanks an Nauer, mit dem Abbruch der Verhandlungen zu drohen, lädt Ott Blank in seine Villa ein. Jetzt ist es klar, dass er der Drahtzieher hinter CHARADE ist. Er legt Blank nahe, eine Haftungsklausel für verheimlichte Verlustrisiken in den Fusionsvertrag mit Dr. Fluri aufzunehmen. Blank schlägt dafür die Höhe von 20 Millionen vor. Dabei handelt es sich um den Betrag, den Geiger, einer seiner Partner, ihm genannt hatte als Dr. Fluris Verlust, beim Versuch, auf dem russischen Markt Fuß zu fassen. Diese Klausel findet sich im nächsten Vertragsentwurf. Laut Blank dient sie der Internationalisierung. Wie von Blank vorhergesehen, kann Fluri sich nicht gegen die Klausel wehren, ohne einen verheimlichten Verlust in der genannten Höhe vorstellbar werden zu lassen. Für Fluri ist dies das Aus, da er tatsächlich Schulden in dieser Höhe hat, wie Pius Ott später bei einem Besuch in Moskau herausfindet. Fluri wird sich deshalb umbringen. Nauer kann für den entstandenen Schaden nicht geradestehen, deshalb fällt sowohl ELEGANTSA als auch CHARADE an Ott.

Verschiedene Handlungsstränge werden aufgefächert

Hintergrund für Otts langfristiges Vorgehen gegen Fluri ist eine alte „Militärgeschichte", die 40 Jahre zurückliegt. Ott wurde verantwortlich gemacht für die Tötung eines Waldarbeiters bei einer Schießübung, was das Ende seiner militärischen Karriere bedeutete. Aus seiner Sicht war Fluri verantwortlich.

Blank führt mittlerweile „ein Leben zwischen Flohmarktstand und multinationalen Konzernen" (S. 49) und ist gespannt darauf, wie er sich verändern und wie ein veränderter Blank sich als Global Player bewähren würde. Nach einer kurzen Aussprache, in der Blank Evelyne zu erklären versucht, dass ihm seine bisherige Welt nicht mehr genüge, trennen sie sich. Blank zieht in eine Suite im Hotel „Imperial". Wie den Stadtwald und den Flohmarkt empfindet er das Hotel als eine andere Welt mitten in der seinen. Als Lucille vorschlägt, mit einem Pilztrip „wirklich eine andere Welt" (S. 61) kennen zu lernen, willigt er vage ein.

Die ersten beiden Pilztrips und die Folgen (Kap. 4–9)

An einem herrlichen Maiwochenende fahren Blank und Lucille zum Fichtenhof, zu einem „meditativen Wochenende", wie Lucille sagt. Auf der Fahrt hören sie das Album „Dark Side of the Moon" der Band Pink Floyd. Laut Lucille die „beste Trip-Musik der Welt". (S. 62)
Erst allmählich wird Blank klar, dass er in einem Kreis von Leuten gelandet ist, die unter der Anleitung eines älteren Mannes, Joe, regelmäßig halluzinogene Pilze einnehmen. Blank sind die bedeutungsvollen Vorbereitungen auf den Trip und die unästhetische Nacktheit der anderen Teilnehmer zuwider, er versucht aber gehorsam, wie verlangt, „die kritisierende, urteilende innere Instanz auszuschalten" (S. 67). Von den angebotenen Pilzen nimmt er sich fünf große und einen winzigen Pilz. Im Gegensatz zu den anderen Mitgliedern der Gruppe erlebt Blank einen überwältigenden Drogenrausch. Unter dem Einfluss der Pilze glaubt er das innerste Wesen der Musik zu erkennen und ein endgültiges Opus aus Klängen des Universums zu schaffen. Auch meint er, in der Natur aufzugehen. Dann erfährt er sich als allmächtige Instanz, die der Natur und der Menschheit seinen Willen beliebig aufzwingen kann. Schließlich glaubt er, zu der letztmöglichen Einsicht gelangt zu sein, und hält sich selbst für das Maß aller Dinge: „Es existiert nur eine einzige Wirklichkeit: Urs Blank." (S. 78) Diese Einsicht ist verbunden mit den Gefühlen von Einsamkeit und Traurigkeit. (S. 82)

Verhängnisvoller Pilztrip Blanks: Verlust der Selbstkontrolle

Der Pilztrip hat gravierende Nachwirkungen. Blank, bislang stolz auf seine Fähigkeit, seine Gefühle im Zaum zu halten, verhält sich jetzt völlig unkontrolliert und gibt jedem Impuls sofort nach. Es beunruhigt ihn zusätzlich, dass ihm dies egal ist. In dieser Verfassung brüskiert und beleidigt er nicht nur seinen Assistenten Christoph Gerber, sondern auch seinen Partner von Berg und sogar Huwyler, für den er eine Fusion großer Versicherungskonzerne durchführen soll.
Aus einer Laune heraus tötet er Troll, Lucilles Kätzchen. Ganz bewusst führt er einen Verkehrsunfall herbei, bei dem zwei Männer ums Leben kommen.

Schließlich sucht er Rat bei seinem Freund Wenger, dem er aber nichts von dem Verkehrsunfall erzählt. Nachdem Blank ausführlich von seiner Triperfahrung mit psilocybinhaltigen Pilzen berichtet hat, ist Wenger der Meinung, dass der Pilztrip unter seiner Aufsicht und Einflussnahme wiederholt werden sollte. Ziel ist, „die kritisierende, urteilende innere Instanz" (S. 112) wieder einzuschalten. Wenger schreibt Blank krank, auch mit der Absicht, ihn vor weiteren Taten mit unübersehbaren Folgen abzuhalten.

Zweiter Pilztrip: Ohne gewünschten Erfolg

Der zweite Pilztrip, der die Auswirkungen des ersten korrigieren soll, findet bald statt. Statt einer Wiederholung des ersten Trips erlebt Blank allerdings eine beglückende Rauscherfahrung. Wenger bezweifelt aber, dass sie damit das gesetzte Ziel erreicht haben. Blanks Verhalten zeigt im Folgenden, dass sich sein Gewissen zwar wieder meldet, allerdings zu spät. Nach wie vor ist er ohne Einfühlung, aggressiv und unkontrolliert, jetzt zudem deprimiert. Wenger vermutet, dass andere Drogen außer Psilocybin beteiligt waren und sucht in der Literatur nach entsprechenden Hinweisen. Er äußert auch seine Sorge, Blank könne anderen Menschen gefährlich werden. Dass diese Sorge auch nach dem zweiten Trip berechtigt ist, zeigt sich in Blanks Beinahe-Mord an dem Journalisten Pedro Müller, der Huwylers und Blanks Fusionsbemühungen an die Öffentlichkeit bringen will, sowie an seiner kaltblütigen Ermordung des Fixers, der versucht ihn zu erpressen.

Blank begeht Straftaten im Affekt

Blank ist jetzt der Überzeugung, dass beim ersten Trip nicht nur Psilocybin beteiligt war. Er fährt zu Joe auf den Fichtenhof. Unter Androhung und Anwendung von Gewalt erfährt er, dass außer den „Spitzkegeligen Kahlköpfen" offenbar aus Versehen auch ein winziger Pilz angeboten worden war, den Joe eigentlich selbst testen wollte. „Bläuling" ist ein Name, den Joe sich ausgedacht hat, und so ist Blank auf die Beschreibung angewiesen, die er in Joes Notizbuch findet.

An diesem Tag brennt der Fichtenhof bis auf die Grundmauern ab.

Schuldgefühle Blanks

Blank weiß nicht weiter. Das Gefühl von Schuld veranlasst ihn, sich ausgerechnet bei Evelyne zu verstecken. Dort findet ihn Wenger.

Privatstudium über den Wald (Kap. 9–10)

Wenger weist ihn mit der Diagnose „Erschöpfungsdepression" in das „Eschengut" ein, eine Klinik für die Regeneration Wohlsituierter, die von Wald umgeben ist. Der Aufenthalt im Wald hat eine beruhigende Wirkung auf Blank. Er setzt hier seine Suche nach dem geheimnisvollen Pilz, dem Bläuling, fort. Als er eines Tages aus dem Wald zurückkommt, spricht ihn Pius Ott an, der sich wie jedes Jahr zu dieser Zeit im „Eschengut" zu einer Kur aufhält. Er bestimmt die Pilze, die Blank aus dem Wald mitgebracht hat, als schmackhafte Tintlinge. Sie verabreden sich zu einem gemeinsamen Pilzessen bei Ott. Ott bietet Blank Bordeaux zum Essen an, wohl wissend, dass die Pilze giftig sind, wenn sie mit Alkohol zusammen gegessen werden. Zufällig lehnt Blank ab. Als Ott ihn später aufklärt, was passieren kann, wenn man sie isst und gleichzeitig Alkohol zu sich nimmt, verliert Blank die Beherrschung und schlägt ihm ins Gesicht. Ott reagiert scheinbar ungerührt, aber er wird sich rächen.

Investor Ott will sich an Blank rächen

Seine Zeit im „Eschengut" nutzt Blank, indem er alles studiert, was mit Wald zu tun hat: Baumkunde, Pflanzenkunde, Wildkunde, Jagdpraxis. Nach vier Wochen kehrt Blank zurück in sein altes Leben, nimmt aber viele Änderungen vor, die alle mit seinem Bedürfnis zusammenhängen, viel Zeit im Wald zu verbringen.

Rückzug in den Wald / Ermittlungen (Kap. 11–19)

In der Kanzlei lässt sich Blank kaum mehr blicken. Bei einem zufälligen Besuch in der Kanzlei stellt Blank fest, dass mittlerweile Christoph Gerber seinen Platz eingenommen hat. Sein Name findet sich neben dem von Ott auf einer Verteilerliste.
Der Wald übt eine magische Anziehungskraft auf Blank aus. Um niemandem zu begegnen, dringt er immer tiefer in den Wald vor ohne Karte und Kompass, „als hoffte er insgeheim, sich im Wald zu verirren" (S. 169). Ende Juni findet er tatsächlich nicht mehr zurück und verbringt seine erste Nacht im Wald. Immer mehr fühlt er sich vom Wald und dem Überleben im Wald angezogen.

Polizei ermittelt wegen Blanks Straftaten

Wegen des Brandes auf dem Fichtenhof ermittelt Detektivwachtmeister Rolf Blaser, der bald erfährt, dass ein schwarzer Jaguar in der Nähe gesehen wurde und dass dieser Blank gehören könnte.

Pius Ott will sich an Blank rächen, weil er sich in ihm getäuscht hat. (S. 186) Er hat zwischenzeitlich all seine Geschäfte auf die Anwaltskanzlei übertragen, in der Blank tätig war, muss aber erkennen, dass Blank sich ihm entzogen hat. Obwohl er viel Zeit in der Kanzlei verbringt, taucht Blank nicht auf: „Aber jetzt, wo er drinnen war, war Blank draußen." (S. 186)

Blank fingiert Selbstmord

Rückzug in den Wald

Nachdem er in einem Anfall von Jähzorn den neuen Freund von Lucille fast ermordet hat, fingiert Blank einen Selbstmord im Gründelsee, siedelt aber tatsächlich ganz in den Wald um, wo er mit Hilfe seiner Waldstudien für Überleben und Tarnung sorgt. Er richtet sich häuslich ein und ernährt sich von den Pflanzen und Tieren des Waldes. (S. 207 f.) Die Gewissensbisse wegen der verübten Mordversuche und Morde verflüchtigen sich: „Mit jedem Tag, den … er wieder im Wald verbrachte, wuchs in ihm wieder die Gewissheit, dass nichts zählte außer ihm selbst." (S. 209)

Erneuter Kontrollverlust Blanks

Ende September gehen Vorräte zur Neige, die Blank nicht im Wald ersetzen kann. Er begibt sich auf Umwegen in den nächsten Ort, um einzukaufen, fällt aber als Sonderling auf. Die Jagdsaison ist eröffnet, und Blank muss sich vor den Jägern und ihren Hunden in Acht nehmen. Als Blank bemerkt, dass einer der Jäger offenbar ‚seine' Steinpilze unsachgemäß geerntet hat, übermannt ihn der Zorn. Er stellt den Mann und stürzt ihn kurzerhand in eine Schlucht. Nach dieser Tat wird Blank von unerträglichen Schuldgefühlen, die immer in drei Wellen kommen, geplagt. Er weiß, dass er solchen Kontrollverlusten immer wieder ausgesetzt sein wird: „Und irgendwann würde es wieder passieren." (S. 224)
Er beschließt, die Suche nach dem Bläuling wieder aufzunehmen, um in einem dritten Pilztrip mit dem „richtigen" Pilz die kritisierende, urteilende innere Instanz wieder einzuschalten. „Wenn er wieder der Blank von früher werden wollte, musste er sich selbst helfen." (S. 225)

Er kehrt in die Stadt zurück und sucht nachts die Anwaltskanzlei auf, um im Internet zum Stichwort „Psylocybin" zu recherchieren. Während er auf den Ausdruck seiner Suchergebnisse wartet, entdeckt er auf dem PC Dokumente über die Gründung einer Finanzgesellschaft namens EXTERNAG mit Mehrheitsbeteiligung an den internationalen Finanzgesellschaften BONOTRUST und UNIFONDA. Gesellschafter sind Geiger, von Berg, Minder, Huwyler, Ott und Gerber. Blank interessiert dies alles nicht mehr. Auf dem Rückweg liest er in einer Zeitung, die jemand liegen gelassen hat, nur mit einem kurzen Lächeln, dass keiner der an der CONFED-Fusion beteiligten Parteien eine Verbindung zu den Finanzgesellschaften BONOTRUST und UNIFONDA hätte nachgewiesen werden können, die „im großen Stil Kursgewinne von knapp vierhundert Millionen Dollar gemacht hatten" (S. 235). Blank hat hier ungewollt illegale Machenschaften der Kanzlei aufgedeckt, sogenannte „Insider-Geschäfte". Ihn interessieren aber nur Informationen über einen seltenen Pilz, das Samthäubchen, vor dessen Verzehr im Zusammenhang mit den üblichen bewusstseinserweiternden Pilzen gewarnt wird.

Illegale Machenschaften von Blanks ehemaliger Kanzlei

Blank ist nicht der Einzige, der sich im Wald gut auskennt. Der Einzelgänger Fritz Fenner hatte den „Wanderer" beobachtet, der mit einem ganzen Notvorrat im Wald verschwunden war. Bald hat er Blanks Versteck entdeckt und der Polizei verraten, die Blank in seinem Lager erwartet. Dieser ist durch einen fremden Geruch alarmiert und kann fliehen. Den Spürhund, der ihm folgt, erlegt er mit einem zugespitzten Ast. Der Hundeführer, der Polizeigefreite Welti, ist über den Tod des Hundes so empört, dass er die Sache weiter verfolgen will, obwohl die Kantonspolizei sie nicht sehr wichtig nimmt.

Polizeiliche Ermittlungen bringen Ott auf Blanks Spur

Welti wendet sich an Blaser, der zuvor über den Brand auf dem Fichtenhof ermittelt hatte, aber seine Bemühungen nach dem angeblichen Selbstmord eingestellt hatte. Gemeinsam finden sie heraus, dass der angebliche Selbstmörder Blank noch lebt. Wegen des handschriftlichen Eintrags in Blanks Pilzatlas „Pius Otts Scherzpilz" setzt sich Welti mit Ott in Verbindung. Ott sieht jetzt wieder die Chance, sich doch noch an Blank rächen zu können und nimmt seine Spur auf: „Das Jagdfieber hatte ihn gepackt." (S. 297)

Die Teilhaber der Anwaltskanzlei geraten zunehmend in Panik, als sie herausfinden, dass Blank noch lebt und bei seinem nächtlichen Einbruch brisante Informationen erhalten hat. Sie versuchen, die polizeilichen Untersuchungen zu behindern, vertuschen und halten Informationen zurück. Als Blaser und Welti offiziell eine öffentliche Suche nach Blank einleiten wollen, intervenieren sie beim Polizeikommandanten. Blaser und Welti setzen sich über das Verbot von oben jedoch hinweg. Aufgrund zahlreicher Hinweise aus der Bevölkerung können sie sich auf Blanks Spur setzen.

Engführung (Kap. 20)

Aufgrund der neuen Informationen ist Blank auf der Suche nach dem Bläuling im Rubliholz, ein mehrere Tageswanderungen entferntes Gebiet, wo er tatsächlich den gesuchten Pilz findet. Mit dem dritten Pilztrip versucht er, die Wirkung des ersten wieder rückgängig zu machen.

Dritter Pilztrip Blanks

Da Ott weiß, was Blank sucht, kann er sich denken, wo er ihn finden kann. Tatsächlich stößt er auf Blanks neues Lager. Dort wartet er bewaffnet mit Repetierstutzen und Messer, als Blank nach seinem dritten Pilztrip zurückkommt. In dem Kampf, der jetzt zwischen Ott und Blank stattfindet, ist Blank der Überlegene und könnte den anderen kaltblütig mit seinem Jagdmesser ermorden. „Aber etwas hinderte ihn daran zuzustoßen." (S. 314) Der dritte Trip war also erfolgreich. Ott erschießt Blank („Blank fühlte sich gut. Auch als ihn der Schuss traf.", S. 314) und vergräbt den Leichnam.

Ott ermordet Blank, wird von den Polizisten gestellt

Kurz darauf wird er von Blaser und Welti festgenommen, die gleichfalls auf der Suche nach Blank waren.

Der Roman endet mit zwei vielsagenden Sätzen: „Wenig später verschwand der Name Blank vom diskreten Messingschild seiner Kanzlei. Und nach ein paar Monaten das Messingschild." (S. 314). Das bedeutet, dass die illegalen Geschäfte der Anwälte und Partner endgültig aufgeflogen sind.

3 Die Figurenkonstellation

Der Protagonist: Urs Blank

Zu Beginn des Buches lernen wir Urs Blank als erfolgreichen Topanwalt kennen. Er ist überall angesehen und verkehrt in den wohlhabenden bis reichen Kreisen der Stadt.

Beruflicher Werdegang Blanks

Der 45-jährige Jurist ist promoviert und hat zudem in New York das amerikanische Juristenexamen abgelegt. Mit Disziplin und Fleiß hat er damit einen Makel in seinem Lebenslauf wettgemacht, nämlich, dass er nicht beim Militär gedient hat. Diese Entscheidung beruhte auf seiner tiefen Abscheu gegen jede Gewalt, die er darauf zurückführt, dass er als Kind erlebte, wie sein Vater seine Mutter schlug. Eigene Anfälle von Jähzorn und Wut hat er deshalb zu unterdrücken gelernt.

Gerade hat er das aufsehenerregendste Mandat seiner Karriere erhalten. Seinen Erfolg im Beruf schreibt Blank seiner Fähigkeit zu, seine Gefühle im Zaum zu halten und mit Gewandtheit, Diplomatie und Takt vorzugehen. Ein gewisses Maß an Rücksichtslosigkeit und Skrupellosigkeit trägt sicher auch zu diesem Erfolg bei, wie die Affäre Fluri zeigt. Aber ein solches Verhalten ist sozial akzeptabel in seinen Kreisen.

Äußeres

Auf sein Äußeres legt er großen Wert. Gegenüber seinen Kollegen in der Kanzlei gewinnt er ein Gefühl von Überlegenheit aus der Tatsache, dass nur er seine Anzüge und Schuhe in London nach Maß anfertigen lässt. Durch zweimaligen Friseurbesuch pro Monat sorgt er zudem für eine perfekte Form. Auto und Wohnung sind luxuriös, die Freundin schön und erfolgreich zugleich. In seiner Welt der „Schönen und Reichen" bleibt ihm scheinbar nichts zu wünschen übrig.

Überdruss Blanks an seinem Leben

Dennoch – oder gerade deshalb – stellt sich das Gefühl von Überdruss ein. Bei einem Waldspaziergang wird ihm klar, dass mit seinem Leben etwas nicht stimmt, dass es neben dem Leben in Kanzlei und Verhandlungsräumen auch noch andere Welten gibt. Er möchte weg vom Ewiggleichen. Mit dieser Einstellung ist er bereit für die Begegnung mit Lucille, über die er tatsächlich neue Welten kennen lernt: den Lebensstil von Menschen anderer Schichten, vegetarische Restaurants und einfache Lokale, schließlich die esoterische Welt von psychedelischen Pilztrips.

Dennoch fällt auf, dass Blanks Beziehungen – mit Ausnahme der Freundschaft zu Alfred Wenger – auf der Oberfläche bleiben. Weder mit Evelyne noch mit Lucille ist er emotional tief verbunden.

Kontroll- und Identitätsverlust Blanks nach dem ersten Pilztrip

Nach dem Pilztrip ist Blank ein veränderter Mensch, der nicht mehr an den alten Blank erinnert. Er hat jede Selbstkontrolle verloren, handelt jähzornig und gewalttätig. Nichts zählt, außer ihm selbst. Sein Gewissen ist wie ausgeschaltet. Seine ursprüngliche Identität scheint wie ausgewechselt. Ganz ist das frühere Selbst noch nicht verschwunden. Noch ist ihm ein Bewusstsein geblieben, dass es etwas wie moralische Maßstäbe gibt. Dunkel erinnert er sich daran: „Was ihn jetzt beunruhigte, war weniger, dass er die Kontrolle über das längst domestizierte Tier in ihm zu verlieren schien, als die Tatsache, dass es ihm egal war" (S. 91). Auch der Umstand, dass er seinen Freund Wenger aufsucht und von seinem veränderten Zustand berichtet, zeigt, dass er sein Verhalten zwar nicht mehr kontrollieren, aber noch beurteilen kann. Auch seine Versuche, den Pilztrip zu wiederholen und die unglückseligen Folgen des ersten Trips rückgängig zu machen, belegen, dass er sich noch moralische Bewertungsmaßstäbe bewahrt hat.

Moralische Bewertungsmaßstäbe noch vorhanden

Nachdem der zweite Pilztrip nicht erfolgreich war, bricht Blank alle sozialen Verbindungen ab und zieht sich in den Wald zurück. Mit diesem Schritt will er sich und andere schützen – sich selbst vor seinen unkontrollierten Ausbrüchen, die anderen vor den unabsehbaren Folgen dieser Ausbrüche. Aber letztlich weiß er, dass nur ein erneuter Trip ihm helfen kann. Am Schluss ist er der von allen Seiten Gejagte, der von Ott schließlich gestellt und erlegt wird wie ein Wild. Aber sein Tod belegt seine erfolgreiche Resozialisierung.

Erfolgreiche Rückverwandlung nach dem dritten Pilztrip

Sein dritter Pilztrip, den er kurz zuvor durchgeführt hat, hat zum gewünschten Ziel geführt. Er hat seine alte Selbstkontrolle wieder und die Tötungshemmung wieder erlangt. Obwohl er Ott töten könnte, lässt er sich lieber von diesem töten. Seine Rückverwandlung in ein normales menschliches Individuum ist ihm gelungen.

Erstaunlicherweise ist der Leser die ganze Zeit auf Blanks Seite und entzieht ihm seine Sympathie nicht, obwohl Blank schwere Schuld auf sich lädt, weil er für den Tod mehrerer Menschen verantwortlich ist. Blank ist schuldlos in die fatale Situation geraten und der Leser merkt, wie er sich trotz aller Persönlichkeitsveränderung doch noch Reste eines Bewusstseins von Richtig und Falsch bewahrt hat und alles daran setzt, wieder ein normaler, zivilisierter Mensch zu werden.

Der Antagonist: Pius Ott

Gemeinsamkeiten zwischen Ott und Blank?

Auf den ersten Blick scheinen Blank und der international operierende, risikofreudige Spekulant Ott einige Gemeinsamkeiten aufzuweisen. Ott meint sogar, in Blank einen Menschen seinesgleichen gefunden zu haben. (S. 37) Tatsächlich sind beide in ihrem Beruf erfolgreich, beide sehr diszipliniert, haben ein hohes Aggressionspotential und fühlen sich stark vom Wald angezogen. Ein genauerer Blick zeigt aber entscheidende Unterschiede.

Eigenschaften Otts:

1. Disziplin

Blank zeigt zwar am Anfang eine gehörige Portion Skrupellosigkeit, wird aber durch seine Selbstdisziplin auch zu einem charmanten und angenehmen Zeitgenossen, dessen Gesellschaft sein alter Schulfreund Wenger schätzt. Der 63-jährige Ott dagegen stellt seine Disziplin ganz in den Dienst der Durchsetzung eigener Interessen. Dabei diszipliniert er sich täglich von Neuem durch festgelegte „Rituale" (schwimmen, Tee trinken) oder auch durch die jährliche Frischzellenkur. Anders als Blank, der auch spontane Handlungsweisen kennt (etwa der Waldspaziergang oder der Einkauf bei Lucille), handelt Ott stets langfristig und strategisch.

Sexualität gibt es bei ihm nur in sadistischer Form. Erregend ist für ihn nicht nur bei der Jagd die „Unausweichlichkeit des Opfers" (S. 104).

2. Voyeurismus

Blank öffnet sich anderen Welten, Ott dagegen bleibt Voyeur: Regelmäßig lässt er sich von seinem Bodyguard in den Rotlichtbezirk der Stadt fahren und setzt sich im Fond seines Cadillacs mit Bratwurst, Brot und Bier im Pappbecher der fremden Umgebung aus. Der eine handelt, damit sich etwas ändere, der andere handelt, damit sich nichts ändere.

3. Dominanzstreben

Für Ott, der unehrenhaft aus dem Militär entlassen wurde, ist Bestrafung ein normales Verhalten im Umgang mit anderen Menschen. Fluri, dem er die Schuld gibt an seiner Entlassung aus der Armee, stellt er noch nach Jahrzehnten nach – unerbittlich und unnachgiebig. Auch als Ott merkt, dass er sich in Blank getäuscht hat, beschließt er, ihn zu bestrafen.

Blank spürt bei seinem Waldspaziergang, dass ihm die Nähe zur Natur fehlt, später möchte er sogar eins werden mit der Natur. Während seines Lebens im Wald wird er ein genauer Beobachter von Flora und Fauna. Er jagt mit dem einzigen Ziel zu überleben. Ott dagegen will sich die Natur unterwerfen. Nachdem er beim Militär keinen Platz gefunden hatte, wird die Jagd für ihn zum Lebensinhalt. Er denkt in Kategorien von Tod oder Überleben, von Fressen oder Gefressenwerden. Er jagt, weil er die Überlegenheit des Jägers über die Beute liebt. Dabei setzt er sich am liebsten über geltende Gesetze hinweg.

Auch als Geschäftsmann verhält er sich wie ein Jäger – er wartet, bis die Beute ein gutes Ziel abgibt, und dann schlägt er zu – wie im Fall Fluri. Ähnlich gezielt will er auch Blank zur Strecke bringen – wie ein Stück Wild.
Die Künstlichkeit seiner Villa ist ein weiterer Ausdruck von Otts Bedürfnis, die Natur zu dominieren. Während die Architektur seine mangelnde Kultiviertheit dokumentiert, kommt „Natur" nur in Form von ausgestopften Trophäen der von ihm in der ganzen Welt erlegten Tiere vor. Den schönen Ausblick auf Tal und See würdigt er keines Blickes; er sitzt mit dem Rücken zur Fensterfront. In seinem Schwimmbad kommen Urwaldgeräusche aus den Lautsprechern.

4. Skrupellosigkeit

Nachdem er Blank wie ein Wild gejagt hat, wirft er ihm einen Trauerbruch – gebrochene Zweige – ins Grab, wie es bei der Beerdigung eines Jagdkameraden üblich ist. Anders als Blank, der ein Gefühl für menschlichen Anstand besitzt und über moralische Maßstäbe verfügt, ist Ott ein Egomane, der skrupellos seinen Vorteil verfolgt, ohne sich um menschliche oder gesetzliche Regelungen zu kümmern.

Die Frauen Evelyne und Lucille

Unterschiedliche Lebenswelten

Gleiche Einschätzung Blanks

Die beiden Frauen verkörpern komplett unterschiedliche Welten und stehen für ganz verschiedene Lebensstile – hier die arrivierte Geschäftsfrau Evelyne, dort das Hippiemädchen Lucille, das finanziell gerade so über die Runden kommt. Sosehr sich die beiden Frauen, Evelyne Vogt und Lucille Roth, unterscheiden, in Bezug auf Blank kommen sie zur gleichen Einschätzung, die sie mit den gleichen Worten formulieren: Ob mit Evelyne oder Lucille, Urs Blank lebe weiterhin in der gleichen Welt. (S. 54, S. 60) Mit dem einzigen Unterschied, dass er jetzt eine junge Freundin habe, „wie jeder Spießer, der es sich leisten kann“, wie Evelyne hinzufügt.
Beide haben ihre jeweils sehr äußerliche Sicht auf Urs Blank, die der Äußerlichkeit der Beziehungen entspricht. Beide haben eine Freundin, mit der die Themen „Männer“, „Beziehungen“ und „Aussehen“ besprochen werden.

Das Verhältnis Evelyne – Blank

Evelyne, 38, ist eine selbständige Geschäftsfrau mit einem teuren Designladen, die von ihrer gesellschaftlichen Stellung her sehr gut zu Blank passt. Evelyne Vogt und Urs Blank haben ihr gemeinsames Leben perfekt organisiert und verdecken damit, dass sie kaum Gemeinsamkeiten haben. Grundbedingung für ein erfolgreiches Zusammenleben ist für Evelyne eine luxuriöse, herrschaftliche Wohnung, wie sie sie bewohnen. Sie kann sich nicht vorstellen, dass Blank Probleme oder noch andere Wünsche haben könnte. Dabei bezieht sie sich offenbar darauf, dass er ja genug Geld hat. Sie reduziert ihn auf seine finanzielle Situation, andere Probleme kommen für sie nicht in Frage. Wenn Blank ihr sagt, dass ihre („unsere“) Welt ihm nicht mehr genüge, dann kann sie nur hören, dass sie selbst ihm nicht mehr genüge. Falsch ist das ja nicht, aber auch nur ein Teil des Ganzen. Evelyne geht in der materiellen Welt auf – dass Blank darüber hinaus Ansprüche stellen könnte, kommt ihr nicht in den Sinn. Genug Geld, schöne Kleidung, luxuriöse Wohnung, elegante Einrichtung, gut essen – das genügt ihr fürs Leben.

Das Verhältnis Lucille – Blank

Lucille, 26, gehört zur Spät-Hippie-Szene, die den denkbar größten Kontrast zur Welt Blanks bildet. Sie fasziniert Blank erst in zweiter Linie durch ihre blauen Augen. Angezogen ist er bei ihrer Begegnung an dem Flohmarktstand von einem Duft, der ihm vertraut ist und ihn vage an ein Mädchen seiner Jugend erinnert. Erst später wird diese Erinnerung durch das Bild von Lucille verdrängt. Laut Ruth Zopp, Evelynes Freundin, ist Lucille „katastrophal hübsch“. Trotz der extravaganten asiatischen Kleidung, die sie trägt, spricht sie Blank an mit ihrer entwaffnenden Neugier, der jede Verstellung fremd ist. Mit ihrem Verkaufsstand kann sie gerade überleben, dennoch besteht sie darauf, jede Einladung Blanks mit einer Einladung in ihrer Welt auszugleichen, zumal es erklärtes Ziel Blanks ist, ihre Welt kennen zu lernen. Sie will nicht die Freundin eines reichen Mannes spielen, sondern gleichberechtigt behandelt werden. Als Blank Lucille in die Hotelsuite einlädt, in der er nach dem Auszug aus der gemeinsamen Wohnung mit Evelyne lebt, wird ihr klar, dass er noch voll und ganz in seiner alten Welt lebt. Angenähert hat er sich ihr und ihrer Welt nicht. Es ist vermutlich kein Zufall, dass sie ihn kurz danach zu dem verhängnisvollen Pilztrip drängt. (S. 61)
Ihre Ansicht, Blanks Aussehen sei nur beruflich bedingt, in Wirklichkeit sei er ganz locker, ist eine grobe Fehleinschätzung.

Alfred Wenger

Wenger, Psychiater mit eigener Praxis, und Blank kennen sich von ihrer gemeinsamen Schulzeit auf dem Gymnasium. Seit der Zeit ihres Studiums treffen sie sich regelmäßig einmal pro Woche zum Essen. Wenger ist eine auffallende Erscheinung: Er ist groß, kantig, mit schlohweißen Haaren bis zu den Schultern.

Wenger, dessen Praxisräume zum Erstaunen von Blank großzügig und elegant möbliert sind, schätzt den charmanten Weltmann Blank als guten Erzähler und guten Zuhörer. Bei dem nachlässigen und rücksichtslosen Egomanen Blank nach dem Pilztrip findet er davon nichts mehr.

Unabhängiger Intellektueller

Wenger ist der unabhängige Intellektuelle, der nur seiner Wissenschaft und seinem Verantwortungsgefühl verpflichtet ist. Als Blank aus allen sozialen Beziehungen fällt, nimmt er sich Blanks als Freund und als Psychiater an und versucht ihn und andere zu schützen. Er ist derjenige, der die Verbindung zu Evelyne und Lucille hält, die sich auch an ihn wenden. Er hält die Fäden in der Hand, begleitet Blank beim zweiten Pilztrip und versucht die Richtung der „Reise" zu beeinflussen. Für Blank wird er zu einer moralischen Autorität, die beim dritten Trip tatsächlich die richtige Richtung bewirkt. Er beweist sich als guter Freund – fürsorglich und einfühlsam allen Beteiligten gegenüber, immer bemüht, Blank seinen inneren Kompass wiederzugeben.

Fürsorglich, guter Freund für alle

Die Polizisten Blaser und Welti

Blaser und Welti, die in Sachen Blank ermitteln, unterscheiden sich durchaus, haben aber mehr Gemeinsamkeiten als Unterschiede. Im Vergleich zur Welt der „High Society" ist ihre Welt zweitklassig: Sie arbeiten in stickigen, schlecht geheizten Büros, Kleidung und Lebensart sind bescheiden. Ihre Ermittlungen laufen nach Schema F, ihre Vorgehensweise erscheint antiquiert. Blaser arbeitet mit einer Reiseschreibmaschine, den PC beherrscht er nicht.

Blasers und Weltis Berufsethos

Aber ihre Arbeit machen sie engagiert, unaufgeregt und sorgfältig. Der „Schlachtplan", den Blaser und Welti gemeinsam entwerfen, ist effektiv und führt auf die richtige Spur. Im entscheidenden Moment agieren sie selbständig und setzen sich, dem Ethos ihres Berufs verpflichtet, über Anweisungen von „ganz oben" hinweg, indem sie ein Phantombild Blanks an die Presse geben. Damit bringen sie einen Stein ins Rollen und decken millionenschwere Betrügereien bei internationalen Fusionen auf, die von der Kanzlei „Geiger, von Berg, Minder und Blank" im Zusammenhang mit der Fusion der Versicherungskonzerne getätigt wurden. Ihrer gesellschaftlichen Verantwortung, Gesetz und Recht durchzusetzen, werden die Polizisten gerecht.

Gegenspieler der Global Player

So bieder sie auftreten, Blaser und Welti sind die erfolgreichen Gegenspieler der Global Player Blank und Ott und die eigentlichen Helden des Romans.

Auf einen Blick

- **Urs Blank:** Erfolgreicher und beliebter Anwalt; erfährt durch einen psychedelischen Drogentrip eine Persönlichkeitsveränderung. Er verliert jede Selbstkontrolle und wird dadurch zu einer Gefahr für andere, bemüht sich aber, wieder das frühere Ich zurückzugewinnen.
- **Pius Ott:** Er ist der Gegenspieler Blanks, ein reicher Geschäftsmann, der langfristig und skrupellos seine Ziele verfolgt. Echte oder vermeintliche Gegner bringt er gnadenlos zur Strecke, ungehindert von moralischen Bedenken.
- **Evelyne Vogt und Lucille Roth:** Beide lieben Blank auf ihre Art, beide verstehen ihn nicht in seiner Suche nach neuen Möglichkeiten im Leben.
- **Alfred Wenger:** Kluger, umsichtiger Freund Blanks, der von allen Beteiligten wegen seiner Beständigkeit und seiner Loyalität geschätzt wird.
- **Blaser und Welti:** Einfache Polizisten, die bieder wirken, aber ihrem Beruf geradlinig nachgehen und sich nicht beeindrucken lassen von der Welt der Mächtigen, sondern wollen, dass sich die Gerechtigkeit durchsetzt.

4 Erzähltechnik

Erzähler

Perspektive des Erzählers

Suter bedient sich vielfältiger erzählerischer Mittel.
Sein Erzähler nimmt meist die personale Perspektive einer Figur ein. Gelegentlich wird eine neutrale Außensicht verwendet. Dies ist typischerweise der Fall,

- wenn neue Schauplätze vorgestellt werden (S. 15: Blanks Partner in der Anwaltskanzlei, S. 34: Otts Villa, S. 148: die Klinik „Eschengut"),
- wenn die Ereignisse sozusagen im Zeitraffer zusammengefasst werden (S. 210 f.: Reaktionen nach Blanks vermeintlichem Selbstmord),
- wenn die verschiedenen Erzählstränge zusammengehalten oder zusammengeführt werden (S. 124: Es wird berichtet, dass sowohl Blank als auch Ott einen Gruß verschicken).

Mehrperspektivisches Erzählen

Charakteristisch für den Roman ist aber, dass das Geschehen aus dem Blickwinkel und mit der Einstellung einer der Figuren vermittelt wird. Meist handelt es sich um die Perspektive Blanks, Otts oder später die der Polizisten, aber auch alle anderen Figuren werden zum Fokus der Erzählung. Ganz besonders scharf ist der Fokuswechsel bei der Schilderung des ersten Pilztrips (S. 70–78). Die Wirkung des Trips wird zunächst aus der Sicht von Blank beschrieben, der auf einmal glaubt, alle Musik zu verstehen, und sich für den „fleischgewordene[n] Rhythmus" (S. 70) hält. Diese Einschätzung wird kontrastiert durch die Perspektiven Joes, Lucilles und Edwins, die Blanks musikalische Ausführungen ganz anders empfinden: lächerlich, dominant, störend.
Besonders an dieser Stelle erschließt sich die Leistung dieses mehrperspektivischen Erzählens. Den Lesern wird nicht nur die ganz individuelle Sicht einer Figur ermöglicht. Die jeweilige Sicht der anderen Figuren wirkt ergänzend und korrigierend. Diese Relativierung vollzieht sich im Kopf der Leser: Wir bilden uns eine Meinung.

Mehrere Handlungsstränge

Die mehrperspektivische Erzählweise begünstigt auch das Entstehen von Handlungssträngen. Je häufiger die Perspektive einer Figur eingenommen wird, desto klarer wird der jeweilige Strang. Wir können je einen Handlungsstrang für Blank und Ott mit ihren jeweils zugeordneten Personen ausmachen, später kommt ein weiterer Handlungsstrang mit den Polizisten dazu. Die ersten beiden Handlungsstränge berühren sich nur an zwei Stellen (Kap. 2 und 10). Der dritte Handlungsstrang setzt erst später ein (Kap. 9). In den letzten Kapiteln (Jagd nach dem Bläuling, Jagd nach Blank, Jagd nach den Verbrechern) werden alle Handlungsstränge in einer Engführung zusammengebracht. Die illegalen Machenschaften der Anwälte, ein weiterer Handlungsstrang, bleiben ganz im Hintergrund.

Distanz und Nähe

Das Geschehen wird nicht nur aus unterschiedlichen Blickwinkeln gesehen, sondern auch mit unterschiedlicher psychologischer Distanz. Als Beispiel der Romananfang: „Kein Problem", antwortete Urs Blank freundlich und stellt sich vor, wie er Dr. Fluri ohrfeigte, dazu bin ich schließlich da." (S. 5) Gleich mit dem ersten Satz werden wir ganz nah an Handeln und Fühlen des Protagonisten herangeführt. Wir erfahren, wie sich Blank nach außen präsentiert, aber auch, wie er sich dabei fühlt. Mit deutlich mehr Distanz lernen wir dann den Stand der Fusionsverhandlungen kennen, um am Schluss dieser Passage in einer erlebten Rede an Blanks Selbstreflexionen teilzunehmen: „Aber etwas stimmte wohl nicht in seinem Leben, …" (S. 7).

Zu Ott, dessen Perspektive als Nächstes eingenommen wird (S. 8), hält der Erzähler deutlich mehr Abstand, ja er lässt den Leser bewusst im Unklaren, wer „der einzige Passagier" überhaupt ist. Erst am Ende der Passage (S. 10) erfahren wir seinen Namen. Nicht nur an dieser Stelle, sondern im gesamten Roman wahrt der Erzähler viel Distanz zu Ott. Differenzierte Gefühle werden nicht erwähnt, Selbstreflexionen Otts gibt es nicht. Selbst bei der Begegnung der beiden Kontrahenten im „Eschengut", die damit endet, dass Ott Blanks Faust ins Gesicht fliegt (S. 155), erfahren wir nichts über seine Gefühle.

Leserlenkung

Jeder Autor muss entscheiden – und das ist vielleicht seine zentrale Aufgabe –, aus welcher Perspektive oder welchen Perspektiven er erzählen möchte und wie viel Nähe er zu seinen Figuren zulassen möchte. Mit beiden Entscheidungen lenkt er den Leser. Das mehrperspektivische Erzählen räumt dem Leser mehr Entscheidungsspielraum ein. Ob er den Leser nah an eine Figur heranführt oder nicht, entscheidet mit darüber, ob die Figur verständlich, vielleicht sogar sympathisch ist. Aufgrund der verschiedenen Perspektiven, aus denen wir Leser Blank gezeigt bekommen, kann unsere Meinung über ihn sehr differenziert sein. Die Tatsache, dass wir durch die häufige Innensicht seine Handlungsmotivationen kennen, sorgt für mehr Verständnis für ihn. Das Ergebnis: Trotz der zahlreichen Gewaltverbrechen bleibt uns Blank näher und verständlicher als Ott. Wir kennen Blank von innen und sympathisieren deshalb mit ihm.

Filmisches Erzählen

Orientierung an der Sprache des Films

Die soeben beschriebene multiperspektivische Erzählweise entspricht in vielen Punkten einer an der Sprache des Films geschulten Wahrnehmung. So kann der Fokuswechsel im Erzählvorgang als Wechsel imaginärer Kameraeinstellungen mit den dazwischen liegenden Schnitten gesehen werden. Durchaus lassen sich auch verschiedene „Einstellungsgrößen" und „Kamerabewegungen" ausmachen. Dafür ein Beispiel:
Die Fahrt zum ersten Pilztrip (Kap. 4) beginnt mit einer „Supertotalen", einer umfassenden Sicht auf eine idyllische Landschaft. Mit einem Zoom auf „Halbtotale", der auch von einer Musikeinspielung begleitet ist, nimmt die „Kamera" jetzt die beiden handelnden Personen in den Blick, bevor sie in einer Detailaufnahme das Monogramm an Blanks Hemd zeigt. So könnte ein Heimatfilm beginnen, ein Genre, zu dem auch der Ort des Geschehens passt: Sie kommen schließlich in einer „niedrigen Bauernstube" (S. 63) an. Entsprechend ist der Leser auf „heile Welt" eingestellt – wird damit aber deutlich in die Irre geführt.

Mediales Vorbild Krimi

Ein weiteres mediales Vorbild ist der Krimi, sowohl der Kriminalroman als auch der Kriminalfilm. Alle wesentlichen Elemente sind vorhanden: Täter, Opfer, Verbrechen, Detektiv, Motiv, Ermittlung, Showdown und Bestrafung. Der Showdown, die Abrechnung zwischen zwei Kontrahenten als Höhepunkt am Schluss, ist ein klassischer Bestandteil des Kriminalfilms. In unserem Fall ist der Showdown besonders interessant. Einerseits wird die Auseinandersetzung zwischen Blank und Ott zu einem überraschenden Ende geführt, bei dem eben nicht der kämpferisch Überlegene siegt. Andererseits wird hier auch das Ergebnis eines anderen Kampfes, Blanks Kampf um sein Gewissen und seine Selbstkontrolle, deutlich: Blank hat diesen Kampf gewonnen.

Spannungselemente

Der filmischen Wahrnehmung entsprechen aber auch andere Elemente, die für Spannung sorgen. Einerseits schränkt die personale Perspektive den Überblick ein, sodass immer wieder Unklarheit darüber besteht, wer überhaupt handelt („der Mann", S. 201). Andererseits kennt der Leser alle Handlungsstränge und weiß deshalb mehr als die Figuren, was regelrecht zum Mitfiebern führt. Während die Tötungsdelikte vor den Augen der Leser geschehen, bleibt die Wirtschaftskriminalität überwiegend verdeckt. Die Leerstellen müssen die Leser aus wenigen Andeutungen selbst füllen („Und nach ein paar Monaten das Messingschild.", S. 315).

Leerstellentechnik

Auf einen Blick

- **Personales Erzählen aus unterschiedlichen Perspektiven überwiegt. Der Erzähler ist unterschiedlich nahe dran an seinen Personen. Blank ist dem Leser z. B. näher als Ott, da mehr Innensicht gezeigt wird.**
- **Filmisches Erzählen dominiert im Roman. Ähnlich wie im Film wechseln Erzählperspektive und Einstelllungsgröße.**

5 Sprache und Stil

Die Kapitel, in denen Blanks Leben im Wald berichtet wird, sind sehr ausführlich und mit vielen Fachbegriffen formuliert. Davon abgesehen sind erzählerische Passagen überwiegend zwar genau, aber kurz und knapp. Ansonsten herrschen Dialoge vor, die immer wieder zu Verhören werden (z. B. Gespräche mit Evelyne und mit Wenger). Dies unterstreicht den Krimicharakter. Die vielen Leerstellen in den Dialogen machen uns Leser zu Suchern und stellen uns auf die Seite der „Kommissare".

Satzbau und Wortwahl

Satzbau und Wortwahl entsprechen einer gehobenen Alltagssprache. Auffallend sind allerdings eine Reihe von Fachausdrücken im Zusammenhang mit den Pilztrips und deren Auswirkungen (z. B. Psilocybin), mit Blanks Leben im Wald (botanische Fachausdrücke, z. B. Pemmikan) sowie mit Otts Jagdleidenschaft (Trauerbruch).

Bildhafte Sprache

Beim Drogenrausch Blanks bemüht sich der Erzähler um eine bildhafte Sprache mit Vergleichen und Aufzählungen: Er war ein gläserner Behälter, der sich bei jeder Explosion mit einer anderen Farbe füllte. Zitronenfaltergelb, Himbeersiruprot, Pistazieneisgrün." (S. 74) „Und die Bäume tanzten dazu, wie Bojen in einem aufgewühlten Meer." (S. 76)

Tiersymbole

Das Wort ‚Raubtierkapitalismus' kommt nicht vor. Dafür aber umgibt sich der Großinvestor Ott am liebsten mit den Trophäen erlegter Tiere, je seltener, geschützter, gefährlicher desto besser: Luchs, Alligator, Wasserbüffel, Hammerhai, Löwe. Sie alle weisen über sich hinaus und nehmen Symbolcharakter an. Sie symbolisieren Einzigartigkeit und Stärke, die nur von einem überboten wird: von Ott selbst, dem größten Raubtier, der, da er sie tötete, stärker war als die erlegten Tiere. Diese seine vermeintliche Überlegenheit führt er sich mit den Trophäen ständig vor Augen. Das Wort ‚Raubtierkapitalismus' ist also gar nicht nötig, es wird bildlich vor Augen geführt.
Auch Otts Gegenspieler Blank wird, wenn auch etwas abstrakter, symbolisch überhöht: Das Auto, das er fährt, ist ein Jaguar, den er, auch das spricht für sich, später gegen einen Range Rover (rover = Vagabund) eintauscht.
Beim Zusammentreffen der beiden Gegenspieler im „Eschengut" erklärt Ott Blank, warum er jagt: „Über Tod und Leben bestimmen kommt dem Zustand der Unsterblichkeit sehr nahe." (S. 154)

Jagdmetaphorik

Bevor Ott sich auf die Jagd nach Blank macht, betrachtet er seine „wertvollste" Trophäe: den Löwenschädel: „Es war seine aufregendste Jagd gewesen. Er hatte es mit einem Gegner zu tun, der ihm selbst gefährlich werden konnte. Seither hatte er nie mehr einen solchen Gegner gehabt." (S. 244) Natürlich bezieht sich Ott hier rückblickend auf den erlegten Löwen. Gleichzeitig gilt alles auch vorausschauend für Blank. Blank kann ihm selbst gefährlich werden, einen solchen Gegner hatte er noch nie.
‚Jagd' ist die tragende Metapher des Buches. Damit wird die archaische Welt des Fressens und Gefressenwerdens als Vergleichsbereich für die Welt der Finanzwirtschaft herangezogen.

Die Bedeutung des Titels

Der Titel des Buches ist die Übersetzung des Titels eines seit seinem Erscheinen 1973 sehr bekannten Albums von Pink Floyd („The dark side of the moon"). Dieses wiederum bezieht sich auf einen Satz von Mark Twain: „Everyone is a moon, and has a dark side which he never shows to anybody". Damit ist ein zentrales Thema des Romans angedeutet: die dunkle Seite des Menschen. Rückgriffe auf den Titel durchziehen den Roman bis zum Schluss (S. 62, S. 177, S. 304) und bilden so eine eigene Struktur.

Auf einen Blick

- Alltagssprache mit einfachem Satzbau und einfacher Wortwahl dominiert.
- Der Roman enthält viele Leerstellen, die der Leser selbst füllen und ergänzen muss.
- Blanks erster Drogentrip wird mit bildhafter Sprache dargestellt.
- Bilder und Metaphern aus dem Bereich der Jagd durchziehen das Buch.

6 Themen des Romans

Als Krimi bietet der Roman mit interessanten Typen und viel Spannung gute Unterhaltung, realistisch und fantastisch zugleich. Darüber hinaus verhandelt das Buch zentrale Themen unserer Zeit.

Persönlichkeitsveränderung

Das beherrschende Thema ist die Persönlichkeitsveränderung durch Drogen. Der Titel des Romans weist überdeutlich darauf hin. Das Buch zeigt, wie ein erfolgreicher, kultivierter, angesehener Mann nach einem Drogentrip zu einem kaltblütigen Egomanen wird. Man könnte also sagen, der Roman ist eine Art Versuchsanordnung, um herauszufinden, was passiert, wenn die „kritisierende, urteilende innere Instanz" (S. 67), also nach Freud das Über-Ich, ausgeschaltet wird. Blank formuliert das Ergebnis so: Er folge jedem Impuls, habe die Kontrolle über sich verloren. Pat, die Freundin von Lucille, bezweifelt, dass die Veränderungen Blanks an den Drogen liegen. (S. 103) Tatsächlich ist es Blank selber, der dies in Frage stellt. Im Gespräch mit Wenger vergleicht er sein Verhalten gegenüber Fluri mit seinem unkontrollierten Verhalten nach dem Drogenkonsum, was Wenger auch sofort hervorhebt. (S. 128)
Damit geht es Blank also um eine ihm selbst problematisch gewordene Seite seiner Persönlichkeit überhaupt, nicht nur um ein Vorher und Nachher. Es geht um Aggression und Gewalt. Wenger formuliert es moralisch: Es geht um Gut und Böse. (S. 128) Sein kontrolliert aggressives Verhalten, das ihm in der Welt des Geldes Vorteile eingebracht, ja zu seiner Karriere als Wirtschaftsanwalt beigetragen hat, wird Blank verdächtig. Er spürt einen Zusammenhang zwischen seinem Verhalten z. B. gegenüber Fluri vor dem Pilztrip und seinem unkontrollierten Verhalten danach. Läuft der Mensch, der in der Welt der Reichen und Mächtigen erfolgreich sein will, irgendwann Gefahr, dauerhaft Grenzen des Moralischen zu überschreiten? Welche Schuld trifft Blank für seine Verbrechen, die er nach dem Drogenkonsum verübt? Und wie ist sein Bemühen zu werten, wieder zu seinem früheren Selbst zurückzufinden?

Aggression und Gewalt – Gut und Böse

Damit hat sich das Thema geweitet. Es geht darum, was den zivilisierten Menschen ausmacht. Gehört es zum Menschsein dazu, dass jeder seine „dunkle Seite" hat, wie das Mark-Twain-Zitat nahelegt? Trifft die Behauptung des englischen Philosophen Thomas Hobbes (1588–1679) zu, im Naturzustand sei der Mensch des Menschen Wolf, oder hat der französische Pädagoge und Schriftsteller Jean-Jacques Rousseau (1712–1778) Recht, der genau vom Gegenteil ausgeht?

Identität

Ein weiteres Thema ist die Frage nach der Identität eines Menschen. Ist der Blank vor dem Drogenkonsum der gleiche wie der danach? Welcher ist denn der „richtige"? Beide Blanks stimmen in den Punkten überein, die man mit dem behördlichen Begriff der Identität bezeichnen könnte (Ausweis = identity card). Es fragt sich, was darüber hinaus die Identität einer Person ausmacht. Die Psychologie unterscheidet zwischen einer persönlichen Identität und einer sozialen Identität. Welche Erfahrungen jemand individuell gemacht hat (Biographie) und wie jemand sein Leben plant, dies sind Fragen, die die persönliche Identität betreffen. Welche Erwartungen andere z. B. im Beruf an uns haben und welche Rollen zu erfüllen sind, diese Fragen betreffen die soziale Identität. Manchmal sind diese zwei Bereiche leicht in Deckung zu bringen. Oft stehen sie aber im Widerstreit miteinander. Aber auch bei der persönlichen Identität kann es leicht zu Unstimmigkeiten und Brüchen kommen. Gleiches gilt für die soziale Identität. Der Roman bietet Gelegenheit, diese Zusammenhänge und sich selbst zu reflektieren.

Wirtschaftskriminalität

Nicht zuletzt sei auf das Thema Wirtschaftskriminalität hingewiesen. Dieses Thema ist im Roman gut versteckt und kann bei oberflächlicher Lektüre leicht übersehen werden. Die Welt der Topanwälte und Wirtschaftsmagnaten wird dargestellt als eine Welt, in der es von Vorteil ist, einen „Killerinstinkt" zu haben. Das Vorherrschen der Jagdmetaphorik scheint darauf hinzudeuten, dass hier wirklich der Mensch des Menschen Wolf ist.
Bei der Megafusion zum weltgrößten Versicherungskonzern sichern sich die Anwälte (Blank ausgenommen, Ott eingeschlossen) millionenschwere illegale Gewinne. Bei dem Versuch, ihre zweifelhaften Geschäfte zu vertuschen, lassen sie ihre Beziehungen zum Polizeipräsidenten Gubler spielen, der sich als korrupt erweist und die Suche nach Blank unterbinden will. Ott begeht den Mord an Blank, u. a. um zu verhindern, dass dessen Wissen über die illegalen Aktivitäten der Kanzlei an die Öffentlichkeit gelangt. Gegenüber den Anwälten, insbesondere gegenüber Geiger, hatte Ott angedeutet, dass er dafür sorgen wolle, dass man Blank nicht finden werde (S. 269, S. 277 f.). Geiger fragt

nicht nach Otts Plänen und nimmt so auch einen Mord billigend in Kauf. Hier handelt es sich um Straftatbestände.
Um persönliche Vorteile zu sichern, missachten die Anwälte die Interessen der Allgemeinheit und geltende Gesetze. Sie missbrauchen anvertraute Macht zum privaten Vorteil. Für den Investor Ott gilt dies alles in besonderem Maße.

Auf einen Blick

- Was macht den Mensch zum Menschen? Was befähigt ihn zum zivilisierten Zusammenleben mit anderen?
- Wie viel Aggression und unmoralisches Verhalten ist nötig und zulässig, um in dieser heutigen Welt erfolgreich zu sein?
- Wie definiert sich die Identität eines Menschen?
- Wie unmoralisch geht es in der Welt der Reichen und Mächtigen zu?

Erzählform

Der Autor wählt mit dem Erzähler auch eine bestimmte Erzählform (Er-/Sie-Erzähler oder Ich-Erzähler).

Erzählverhalten

Beim **auktorialen** Erzählverhalten hat der Erzähler einen Überblick über das Geschehen und das Innere der Figuren (allwissender Erzähler). Er kann sich einmischen, kommentieren usw. und damit die Sicht- und Wahrnehmungsweise des Erzählten durch den Leser lenken. Sein Standort liegt außerhalb des Geschehens.
Beim **personalen** Erzählverhalten übernimmt der Erzähler eine Figurenperspektive und erzählt aus deren Sicht. Er ist am Geschehen unmittelbar beteiligt.
Sowohl der Er-/Sie-Erzähler als auch der Ich-Erzähler können jeweils auktorial oder personal erzählen.
Beim **neutralen** Erzählverhalten scheint der Erzähler ganz zu verschwinden. Das Geschehen wird dem Leser scheinbar unvermittelt vor Augen gestellt.

Erzählperspektive

Die Erzählperspektive ist die Position des Erzählers (Blickwinkel) gegenüber den von ihm erzählten Geschehnissen (Nähe, Abstand/Distanz). Diese können aus der Innen- oder Außenperspektive erzählt werden.

Erzählhaltung

Die Erzählhaltung ist die Einstellung, mit der der Erzähler dem Leser die fiktionale Welt vermittelt (sachlich, ironisch, humorvoll, kritisch, melancholisch, …).
Diese wirkt sich auf die Art der Darstellung und die Sprachverwendung aus.

Darstellungsformen

Der Erzähler verfügt über unterschiedliche Darstellungsformen, um dem Leser das Geschehen zu präsentieren. Er kann selbst erzählen, oder aber er lässt seine Figuren sprechen, z. B. in direkter oder indirekter Rede, in „Erlebter Rede" oder „Innerem Monolog".

Erzähler	Figuren (Personen)
Bericht: straffe, geraffte Darstellung der Handlung in zeitlicher Abfolge	**Direkte Rede**
Beschreibung: anschauliche Darstellung z. B. von Schauplätzen, Figuren, Gegenständen	**Indirekte Rede**
Szenische Darstellung: breite Erzählweise, meistens mit erzählter Figurenrede und Entfaltung der Situation (vgl. Szene im Drama)	**Erlebte Rede:** Wiedergabe von Gedanken und Gefühlen einer Figur in der 3. Person (ohne direkte oder indirekte Rede)
Kommentar: Eingreifen des Erzählers mit Bemerkungen, Urteilen oder Überlegungen	**Innerer Monolog:** Wiedergabe von Gedanken und Gefühlen einer Figur in der 1. Person

Spickzettel

zum Klausurtraining „Die dunkle Seite des Mondes"

Prüfungsaufgaben
- Anforderungen

„Die dunkle Seite des Mondes" – Wichtiges in aller Kürze

Analyse epischer Texte
- Erschließungsaspekte Epik
- Fachbegriffe Epik
- Arbeitsschritte Interpretationsaufsatz

Arbeitsschritte Interpretationsaufsatz

1. Arbeitsschritt:
Erstes Textverständnis/ Verstehenshypothese formulieren

↓

2. Arbeitsschritt:
Text aspektorientiert erschließen

↓

3. Arbeitsschritt:
These(n) zur Textdeutung formulieren

↓

4. Arbeitsschritt:
Gliederung erstellen

↓

5. Arbeitsschritt:
Klausur schreiben

↓

6. Arbeitsschritt:
Klausur überarbeiten

Anforderungen

1 Anforderungsbereiche

Die von Ihnen erwarteten Leistungen bei der Lösung einer Prüfungsaufgabe/einer Aufgabenstellung sind in der Regel drei Anforderungsbereichen (AFB) zugeordnet.

Anforderungsbereich I (AFB I): Reproduktion

- Den Inhalt eines eher einfachen Textes oder fachlichen Sachverhalts eigenständig wiedergeben
- Textart, Aufbau und Strukturelemente eines Textes unter Verwendung fachspezifischer Begriffe (Fachbegriffe, Fachterminologie) erkennen und bestimmen
- Fachspezifische Kenntnisse und Methoden in die Darstellung einbringen
- Teilergebnisse sinnvoll ordnen und verknüpfen
- Ergebnisse sprachlich angemessen formulieren
- Richtig zitieren

Anforderungsbereich II (AFB II): Reorganisation und Transfer

- Den Inhalt eines schwierigen Textes oder Sachverhalts eigenständig zusammenfassen
- Die Struktur eines Textes erfassen
- Die Argumentation eines Textes beschreiben

Typen des Romans

Man unterscheidet die Romane teils nach Stoffen und Themen, z. B.

- Kriminalroman
- Abenteuerroman
- historischer Roman
- Künstlerroman
- Eheroman
- Bildungsroman

teils nach der Form

- Briefroman
- Tagebuchroman

Fachbegriffe Epik

Erzähler

Der Erzähler in epischen Texten ist nicht mit dem Autor identisch. Vielmehr „erfindet“ oder „wählt“ der Autor den Erzähler (die Erzählerfigur, die Erzählform), der gleichsam zwischen Autor und Lesern vermittelt und den Lesern die „erzählte Welt“, die fiktive Geschichte mit ihren Figuren, dem Raum und der Zeit, der Handlung präsentiert. Die Präsenz und Aktivität der Erzählerrolle hängt eng zusammen mit der **Erzählstrategie**, d. h. der bewussten Verwendung der verschiedenen Gestaltungsmittel und Techniken des Erzählens.

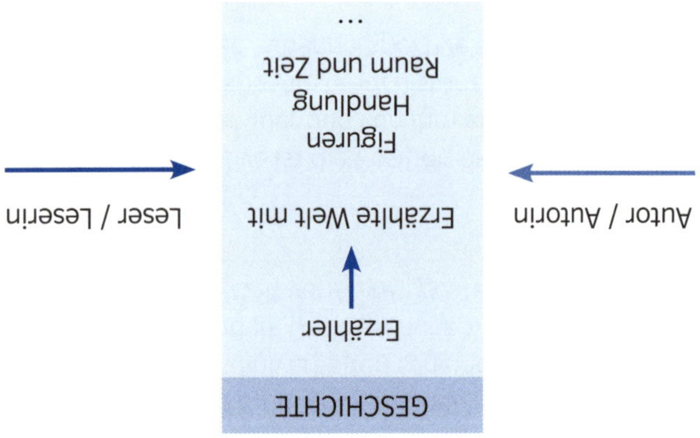

Handlung

Der Autor gestaltet in seinem erzählenden Text einen **Stoff**, der ihm als Ausgangs- und Rohmaterial dient (geschichtlicher Stoff, Kriminalfall, Liebesgeschichte, …). Die Ereignisse „komponiert“ der Autor, d. h. er verknüpft sie zu einem sinnvollen Zusammenhang mit Anfang und Ende und sich schlüssig auseinander entwickelnden Geschehnissen. Dieses durch **Komposition** gestaltete Gesamtgeschehen nennt man **Handlung**. Von den Mythen bis zu Geschichten in Filmen haben sich in der kulturellen Entwicklung bestimmte **Handlungsmuster** herausgebildet, die Autoren aufgreifen und umgestalten (Liebestragödie, Rettung der Welt von dem Bösen, abenteuerliche Reise des Helden, Figuren in Konflikten, Road Movie, …). Sie hängen eng mit den verschiedenen **Erzählgenres** zusammen.

Man kann unterscheiden zwischen

- **Haupthandlung und Nebenhandlung(en)**
- **Rahmen- und Binnenhandlung**
- **äußerer Handlung** (äußere Ereignisse) **und innerer Handlung** (Inneres der Figuren)

Die Handlung kann strukturiert sein:

- durch die zeitliche Abfolge der Ereignisse (z. B. synchron – diachron; kontinuierlich – diskontinuierlich)

Merkmale des Romans

- eine erzählende Großform von mindestens hundert bis zu mehreren hundert Seiten, also wesentlich umfangreicher als epische Kleinformen wie z. B. Kurzgeschichte, Kalendergeschichte, Parabel, Novelle usw.
- meistens „mehrsträngige“ **Handlung**, also mehrere, miteinander verflochtene Erzählstränge mit verschiedenen Schauplätzen und Zeiten
- reichhaltige und meist durch vielfältige Beziehungen (z. B. Liebe, Neid, Eifersucht, Hass, Rachedurst, Hilfsbereitschaft, …) miteinander verknüpfte **Figuren**
- **Figurenkonstellation** oft gekennzeichnet durch Grundmuster wie z. B. den „Helden“ oder die „Mittelpunktsfigur“, „Spieler und Gegenspieler“ oder ein „Dreiecksverhältnis“
- Entfaltung eines **breiten Wirklichkeitsausschnitts**, z. B. einer bestimmten geschichtlich-gesellschaftlichen Situation, die sich in den Beziehungen der Figuren spiegelt

- Wortschatz, Satzbau und poetische Mittel eines Textes auf ihre Funktion und Wirkung hin untersuchen
- Aus dem Unterricht bekannte gestalterische Verfahren funktionsgerecht verwenden
- Aus dem Unterricht bekannte Untersuchungsmethoden auf vergleichbare neue Gegenstände anwenden
- Für eine literarische Epoche charakteristische Erscheinungen in einem Text aufzeigen

Anforderungsbereich III (AFB III) : Reflexion und Problemlösung

- Intentionen und Wirkungsmöglichkeiten eines Textes ermitteln und beurteilen
- Die in einem Text vertretene Position in umfassendere theoretische Zusammenhänge einordnen
- Aus den Ergebnissen einer Textanalyse Schlüsse ziehen
- Bei gestalterischen Aufgaben selbständige und zugleich textangemessene Lösungen erarbeiten
- Die eigene Gestaltung reflektieren, erläutern und begründen
- Fachspezifische Sachverhalte begründet werten und einen Standpunkt argumentativ vertreten
- Hypothesen aufstellen und überprüfen
- Eine eigene Konzeption für die Bearbeitung einer komplexen Aufgabe entwickeln

Erschließungsaspekte Epik

textimmanente Aspekte

- Figuren, Figurenkonstellation
- Handlung
- Erzähler, Erzählform, Erzählperspektive, Erzählhaltung, Erzählverhalten
- Darstellungsformen
- Sprache, Stil
- Motive, Symbole
- Zeit, Zeitgestaltung
- Raum, Raumgestaltung

Text

textüberschreitende Aspekte

- Zeitumstände (historischer, politischer, sozialer, geistesgeschichtlicher Art)
- Autorbiografie und Werk
- Literaturgeschichtlicher Zusammenhang (literarische Epoche, Gattungsgeschichte)
- Gegenwartsbezug und Lebensweltbezug

- durch die Handlungsstränge (einsträngig/linear – mehrsträngig, verflochten)
- durch ein oder mehrere Motive (wiederkehrende thematische Elemente)
- andere erkennbare formale Strukturen (Spiegelungen, Kreisform, Simultaneität, montagehaft, multiperspektivisch, …)

Stoff → **Komposition** (Handlungsmuster) → **Handlung**

Handlung: Haupthandlung und Nebenhandlung(en) · äußere/innere Handlung · Rahmenhandlung und Binnenhandlung

Handlungsstrukturen: Handlungsstränge · Zeitstruktur · Motive, Leitmotiv · formale Strukturen

Spickzettel

zum Klausurtraining „Die dunkle Seite des Mondes"

„Die dunkle Seite des Mondes" – Wichtiges in aller Kürze

Epische Genres

Der Autor wählt mit dem Erzähler auch die epische Form oder die **Erzählgattung**, in der er das Geschehen präsentieren will, z. B.

- Roman
- Novelle
- Parabel
- Kurzgeschichte

Diese Formen unterscheiden sich nach Länge, Struktur, typischer Thematik und epochenspezifischer Verbreitung. So entstand z. B. der Typ des „Bildungsromans" im 18. Jahrhundert, die Novelle hatte im 19. Jahrhundert (Realismus) einen Höhepunkt, die Kurzgeschichte wurde in Deutschland erst nach dem 2. Weltkrieg verbreitet.

Figuren

Der Erzähler kann seine Figuren (Personen) auf vielfältige Weise gestalten, er kann sie z. B. **direkt** charakterisieren (beschreibend oder wertend) oder eine Figur eine andere (direkt) charakterisieren lassen; er kann sie auch **indirekt** charakterisieren, so dass sich der Leser/die Leserin aus dem Verhalten und den Äußerungen der Figur selbst ein Bild von dessen Charakter machen muss. Der Gestaltung einer Figur liegt eine bestimmte **Figurenkonzeption** zugrunde: Figuren können gestaltet sein als Typen, individuelle Charaktere, statisch oder dynamisch (Entwicklung) etc.

direktes Charakterisieren einer Figur	durch den Erzähler durch eine andere Figur durch die Figur selbst
indirektes Charakterisieren einer Figur	durch die Art der Darstellung, aus der der Leser Rückschlüsse auf Eigenschaften etc. der Figur zieht

Aspekte der Charakterisierung können sein:

das äußere Erscheinungsbild	Alter, Aussehen, Kleidung, …
das äußere Verhalten	Sprechweise, Mimik und Gestik, Gebärdensprache, Handeln, …
die innere Einstellung	Interessen, Absichten, Gedanken, Gefühle, …
die Lebensumstände	das gesellschaftliche Umfeld, Beruf, ökonomische Lage, …

Spickzettel

zum Klausurtraining „Die dunkle Seite des Mondes"

Analyse epischer Texte

Raum/Raumgestaltung

Der Erzähler kann den Schauplatz oder „Raum" der Handlung gestalten, je nachdem, welche Bedeutung und Funktion er haben soll. Man kann Grundfunktionen der Schauplatzgestaltung unterscheiden:

Schauplatz, Ort	der Schauplatz der Handlung an sich kann bedeutungskonstituierend sein (Innenraum, öffentlicher Raum, Außenwelt, …); die einfache Beschreibung des Ortes kann bereits Aufschluss über Figurenkonstellationen oder Handlungszusammenhänge geben
Ambiente	die soziale Umwelt als Ausdruck des gesellschaftlichen Lebensstils einer Figur; Widerspiegelung der gesellschaftlichen Umwelt der Figur, z. B. bei Kleidung, Wohnung, Haltung, …
Soziales Milieu	die soziale Umwelt in ihrer Funktion als kausal-determinierendes Milieu, das die Figur in ihrem Denken, Fühlen, Handeln, Sprechen prägt
Stimmungsraum	die Unterstreichung des Gemütszustandes einer Figur durch eine bestimmte Atmosphäre, z. B. Gewitterschwüle (kurz vor einer emotionalen Eruption der Figur), Sonnenschein (Heiterkeit und Gelassenheit der Figur), Regen (Traurigkeit der Figur)
Symbolischer Raum	die Verdichtung der gesamten Thematik, z. B. eines Romans, in anschaulichen, bedeutsamen Bildern (Symbolen) mit Verweisfunktion

„Die dunkle Seite des Mondes" – in aller Kürze

Themen des Romans

Der Roman „Die dunkle Seite des Mondes" ist im Jahre 2000 als zweiter Roman Martin Suters erschienen. Der Titel des Romans bezieht sich auf den Titel eines seit seinem Erscheinen 1973 sehr bekannten Albums der Band „Pink Floyd". Im Roman wird das Album die „beste Trip-Musik der Welt" genannt. Damit ist sofort ein wichtiges Thema des Romans angesprochen: die Persönlichkeitsveränderung durch Drogen, wie sie der Protagonist Urs Blank erfährt. Aber es geht auch um die Frage, ob Aggression und Gewalt zum Menschen schlechthin gehören, ob sie Kennzeichen einer bestimmten Lebensform oder allgemein mangelnder Zivilisiertheit sind. Schließlich lässt sich der Roman als Wirtschaftskrimi lesen und hat so in Zeiten der Bankenkrise besondere Aktualität gewonnen.

Figurenkonstellation

Verschiedene gegensätzliche Lebenswelten prallen aufeinander: Hier die Welt der oberen Zehntausend, da die Welt der Flohmarktbeschicker; hier die Welt der Bürger, da die Welt der Althippies; hier die Welt der *global player*, da die Welt der rechtschaffenen Polizisten.
Im Mittelpunkt des Romans steht der Staranwalt Urs Blank, der bald zwischen diese Lager gerät. Sein Gegenspieler ist der Großinvestor Pius Ott, der sich von Blank

wechsel im Erzählvorgang entsprechen dem Wechsel imaginärer „Kameraeinstellungen". Es lassen sich auch „Einstellungsgrößen", „Kamerabewegungen und -perspektiven" ausmachen.
Wir Leser erhalten durch diese Erzähltechnik eine differenzierte, zum Teil widersprüchliche Sicht auf die handelnden Figuren. Wir bekommen also kein stimmiges Bild der Wirklichkeit, sondern sind aufgefordert, unser Bild selbst zu konstruieren und selbst Position zu beziehen.

Sprache und Stil

Der Roman bedient sich einer gehobenen Alltagssprache. Nur die Passagen, in denen Blanks Leben im Wald geschildert wird, sind sehr detailliert und enthalten viele Fachbegriffe.
Auffallend ist auch die bildhafte Sprache mit vielen Metaphern und Vergleichen, die bei der Schilderung des Pilztrips verwendet wird.
Was den Roman sprachlich vor allem charakterisiert, ist die durchgängige Jagdmetaphorik, mit der die archaische Welt des Fressens und Gefressenwerdens als Vergleichsbereich für die Welt der Finanzwirtschaft herangezogen wird.

Figurenkonstellation

Der Erzähler plant auch die Beziehungen zwischen den Figuren sorgfältig, so dass man diese in einem Figurenkonstellationsschema abbilden kann. Es gibt **Haupt- und Nebenfiguren**. Dabei kommen Grundkonstellationen immer wieder vor:

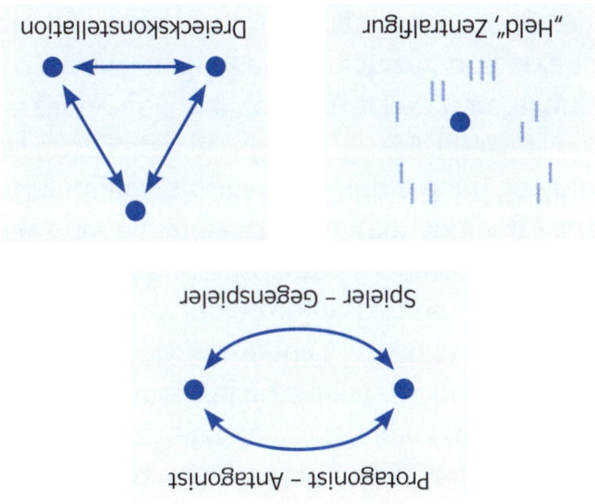

gekränkt sieht, sich rächen will und vor allem verhindern möchte, dass Blank die kriminellen Aktivitäten der Anwälte und Investoren aufdeckt, an denen auch Blank anfangs beteiligt ist. Er jagt Blank wie ein Wild.
Blank ist dagegen nur noch daran interessiert, die Kontrolle über sich selbst zurück zu gewinnen, die er durch den Pilztrip verloren hat und ohne die er gewalttätig, kriminell und gefährlich für seine Mitmenschen geworden ist. Unterstützt wird er dabei von seinem Freund, dem Psychiater Alfred Wenger, der als unabhängiger Intellektueller den ruhenden Pol des gesamten Romans bildet.
Die beiden Frauen – die selbständige Geschäftsfrau Evelyne und Lucille, das Hippiemädchen – verkörpern gegensätzliche Welten und Lebensstile, ihr jeweiliges Verhältnis zu Blank ist auf unterschiedliche Weise oberflächlich.

Aufbau des Romans

Im Wesentlichen folgt der Roman dem chronologischen Ablauf der Handlung. Eine besondere Struktur entsteht dadurch, dass der Roman in verschiedene Handlungsstränge unterteilt ist. Ein Handlungsstrang zeigt das Romangeschehen aus der Perspektive Blanks, ein weiterer aus Otts Perspektive. Später kommt ein dritter Handlungsstrang mit den Polizisten als Zentrum hinzu. Fast im Verborgenen bleibt der Handlungsstrang mit den Anwälten und ihren kriminellen Machenschaften. Diese

Stränge berühren sich nur wenig, laufen am Ende des Romans aber in einer Engführung zusammen.
Hier treffen alle Stränge zusammen. Blank findet den richtigen Pilz für den dritten Trip, mit dem er seine Selbstkontrolle zurückgewinnt. Ott findet Blank, erlegt und bestattet ihn wie ein Wild. Die Polizisten nehmen Ott fest und decken in der Folge die Insidergeschäfte der Anwälte und Investoren auf.

Erzähltechnik

Das Handlungsgeschehen wird aus dem Blickwinkel und mit der Einstellung jeweils einer der Figuren vermittelt, zumeist aus der Perspektive Blanks, Otts oder der Polizisten. Dieses mehrperspektivische Erzählen ermöglicht das Entstehen der erwähnten Handlungsstränge.
Das Geschehen wird nicht nur aus unterschiedlichen Blickwinkeln gesehen, sondern auch mit unterschiedlicher psychologischer Distanz. Während der Erzähler Ott überwiegend in der Außenperspektive zeigt und so in der Distanz hält, lässt er bei Blank mehr Nähe zu. Wir nehmen an seinen Gedanken und Gefühlen teil, sehen ihn also auch in der Innensicht. Dies bewirkt, dass wir Ott unsympathisch finden, aber Blank trotz der Verbrechen, die er im Laufe der Romanhandlung begeht, nicht vollständig ablehnen.
Es lassen sich viele Parallelen zwischen dieser Erzähltechnik und der Sprache des Films feststellen. Fokus-

Zeit/Zeitgestaltung

Der Erzähler kann die Zeit unterschiedlich gestalten. Dabei ist zu unterscheiden zwischen **erzählter Zeit**, also der Zeit, über die sich das erzählte Geschehen erstreckt, und der **Erzählzeit**, also der Zeit, die man zum Erzählen oder Vortragen bzw. zum Lesen braucht.
Der Erzähler kann die erzählte Zeit raffen **(Zeitraffung)**, dehnen **(Zeitdehnung)** oder Deckungsgleichheit zwischen Erzählzeit und erzählter Zeit herstellen **(Zeitdeckung)**.
Er kann auch zeitneutral erzählen (z. B. beim Beschreiben oder beim Erzählerkommentar), er kann in der Zeit springen (Zeitsprung), er kann zurückspringen (Rückblende) oder auf Künftiges vorausdeuten (Vorausdeutung).
Mit der Art der erzählerischen Zeitbehandlung korrelieren die Darstellungsformen. So wird z. B. im Erzählerbericht das Geschehen gerafft, die Erzählzeit ist also kürzer als die erzählte Zeit. Bei der szenischen Darstellung entsprechen sich in der Regel Erzählzeit und erzählte Zeit, es herrscht also Zeitdeckung. Zeitdehnung kann z. B. bei langen Figurenmonologen (z. B. beim Inneren Monolog) vorkommen.
Wenn man, z. B. in einem Roman, Erzählzeit und erzählte Zeit in Zusammenhang bringt, bekommt man eine „Erzählkurve", die die Zeitgestaltung anzeigt.

erzählte Zeit	Erzählzeit
Der Zeitraum, über den sich das erzählte Geschehen erstreckt, markiert durch Anfang und Ende der Geschichte	Die Zeit, die man zum Erzählen oder Vortragen bzw. zum Lesen der erzählten Geschichte braucht

Zeitgestaltung	Darbietungsform	Verhältnis von Erzählzeit und erzählter Zeit
Zeitraffendes Erzählen	Erzählerbericht	Erzählzeit < erzählte Zeit
Zeitdeckendes Erzählen	Szenische Darstellung	Erzählzeit = erzählte Zeit
	Erzählerkommentar, Erzählerreflexion	Erzählzeit - - -
Zeitdehnendes Erzählen	Innerer Monolog, Bewusstseinsstrom	Erzählzeit > erzählte Zeit